見やすい！わかりやすい！

楽しく叩こう

ドラム

入門

JN212175

CONTENTS

第1章　ドラムのしくみ

アコースティック・ドラムのしくみ（各部の名称）・・・・・・・・・・・・・・ 08
電子ドラムのしくみ（各部の名称）・・・・・・・・・・・・・・・・・・・ 09
スティックの知識・・・・・・・・・・・・・・・・・・・・・・・・・ 10
ドラマーに役立つアイテム・・・・・・・・・・・・・・・・・・・・ 11
ドラム譜の見方・・・・・・・・・・・・・・・・・・・・・・・・ 12
ドラムの構成・・・・・・・・・・・・・・・・・・・・・・・・・ 13
コラム：ドラム上達のための習慣・・・・・・・・・・・・・・・・・ 14

第2章　はじめの一歩（叩いてみよう）

はじめの一歩（叩いてみよう）レッスン1・・・・・・・・・・・・・ 16
はじめの一歩（叩いてみよう）レッスン2・・・・・・・・・・・・・ 18
はじめの一歩（叩いてみよう）レッスン3・・・・・・・・・・・・・ 20
はじめの一歩（叩いてみよう）レッスン4・・・・・・・・・・・・・ 22
8ビートのリズムを体感しよう　レッスン5・・・・・・・・・・・・ 24
8ビートのリズムを体感しよう　レッスン6・・・・・・・・・・・・ 26
クラッシュ・シンバルを入れてみよう　レッスン7・・・・・・・・・ 28
課題曲1・・・・・・・・・・・・・・・・・・・・・・・・・・・ 30
いろいろなタイプのドラムセット・・・・・・・・・・・・・・・・ 31
コラム：自宅でのドラムの練習について・・・・・・・・・・・・・ 32

第3章　フィルインの練習

フィルインの練習レッスン1・・・・・・・・・・・・・・・・・・ 34
フィルインの練習レッスン2・・・・・・・・・・・・・・・・・・ 35
フィルインの練習レッスン3・・・・・・・・・・・・・・・・・・ 36
フィルインの練習レッスン4・・・・・・・・・・・・・・・・・・ 37
フィルインの練習レッスン5・・・・・・・・・・・・・・・・・・ 38
フィルインの練習レッスン6・・・・・・・・・・・・・・・・・・ 39
フィルインの練習レッスン7・・・・・・・・・・・・・・・・・・ 40
フィルインの練習レッスン8・・・・・・・・・・・・・・・・・・ 42
曲の構成を把握しよう・・・・・・・・・・・・・・・・・・・・ 43
曲に合わせて叩いてみようレッスン1・・・・・・・・・・・・・・ 44
曲に合わせて叩いてみようレッスン2・・・・・・・・・・・・・・ 46
曲に合わせて叩いてみようレッスン3・・・・・・・・・・・・・・ 47
毎日の基礎練習1・・・・・・・・・・・・・・・・・・・・・・ 48
課題曲2・・・・・・・・・・・・・・・・・・・・・・・・・・ 50
コラム：ドラマーがそろえておきたい機材とは？・・・・・・・・・ 52

第4章　ライド・シンバルを叩いてみよう

ライド・シンバルを叩いてみよう1・・・・・・・・・・・・・・・・・54
ライド・シンバルを叩いてみよう2・・・・・・・・・・・・・・・・・56
フロア・タムを叩いてみよう・・・・・・・・・・・・・・・・・・・58
いろいろな叩き方を覚えよう・・・・・・・・・・・・・・・・・・・60
チェンジアップ（ダウン）・・・・・・・・・・・・・・・・・・・・62
8ビートのバリエーション・・・・・・・・・・・・・・・・・・・・64
8ビートのバリエーション～2小節パターン～・・・・・・・・・・・66
8ビートからフィルインにスムーズに入るために・・・・・・・・・・68
ブレイクを入れよう・・・・・・・・・・・・・・・・・・・・・・・70
ブレイクにフィルインを入れてみよう・・・・・・・・・・・・・・・72
課題曲3・・・・・・・・・・・・・・・・・・・・・・・・・・・・74
毎日の基礎練習2・・・・・・・・・・・・・・・・・・・・・・・・76

第5章　テクニックを覚えよう

8ビートのバリエーション～シェイク～・・・・・・・・・・・・・・78
シェイクをいろいろなパターンで叩いてみよう・・・・・・・・・・・80
8ビートのバリエーション・・・・・・・・・・・・・・・・・・・・82
毎日の基礎練習3・・・・・・・・・・・・・・・・・・・・・・・・84
コラム：ドラマーがそろえておきたい機材とは？2・・・・・・・・・86
コラム：ハイハットオープン・クローズ・・・・・・・・・・・・・・87
課題曲4・・・・・・・・・・・・・・・・・・・・・・・・・・・・88
課題曲5・・・・・・・・・・・・・・・・・・・・・・・・・・・・90
おわりに・・・・・・・・・・・・・・・・・・・・・・・・・・・・92

楽典の基礎　ドラマーのための楽典

基本の音符と休符の長さ・・・・・・・・・・・・・・・・・・・・・94
付点音符と連符の長さ・・・・・・・・・・・・・・・・・・・・・・95
楽譜の読み進め方・・・・・・・・・・・・・・・・・・・・・・・・96
覚えておきたい記号類・・・・・・・・・・・・・・・・・・・・・・97

動画収録されているレッスンについて

動画収録されているレッスンについて

本書では、動画を視聴しながらレッスンを進めていくことができます。
各章の課題曲および「曲に合わせて叩いてみよう」のレッスンでは、マイナスワン音源（ドラムの音を抜いたもの）をご用意しています。
模範演奏の動画を視聴し叩き方を覚えたら、ぜひマイナスワン音源に合わせてドラムを叩いてみてください。
幅広いジャンルのバンド音源に合わすことで、より実践的なトレーニングをすることができます。
※動画ではフィーリングを重視した演奏をしています。そのため譜面と一部異なる場合があります。

動画の視聴方法

本書の動画は、スマートフォン・タブレット・パソコン等でご視聴いただけます。
各章の扉のQRコードは、「島村楽器の教則本」チャンネル内のドラム入門にリンクしています。
スマートフォン・タブレットをお使いの方はバーコードリーダーでQRコードを読み取ることで再生リストにアクセスできます。
パソコンの場合は、YouTubeにて「島村楽器の教則本」と検索の上、再生リストよりご希望の動画をお選びください。
※アドレス（https://www.youtube.com/channel/UCDWJbmoUNMD-t_sTlGmtYQg）を入力して「島村楽器の教則本」チャンネルへアクセスすることもできます。

YouTubeご利用にあたってのご注意

・「島村楽器の教則本」チャンネルのアドレスは永久的なものではなく、YouTubeのシステム改変などにより変更となる場合があります。
・本サービスの通信にかかるパケット通信料はお客様のご負担となります。

第1章 ドラムのしくみ

ドラムとはどんな楽器なのか？
スティックの知識〜ドラム譜の見方まで、
叩く前の準備をしましょう！

第1章

アコースティック・ドラムのしくみ（各部の名称）

リム（フープ）
ヘッドをシェルに固定するためのパーツ

シェル（胴）
太鼓の胴体部分

ヘッド
スネアの皮（主にプラスチック製）部分
・表面（叩く側）⇒バター・サイド
・裏面⇒スネア・サイド

スナッピー
響き線（裏面）

ストレイナー
スナッピーのオンオフ・スイッチ

電子ドラムのしくみ（各部の名称）

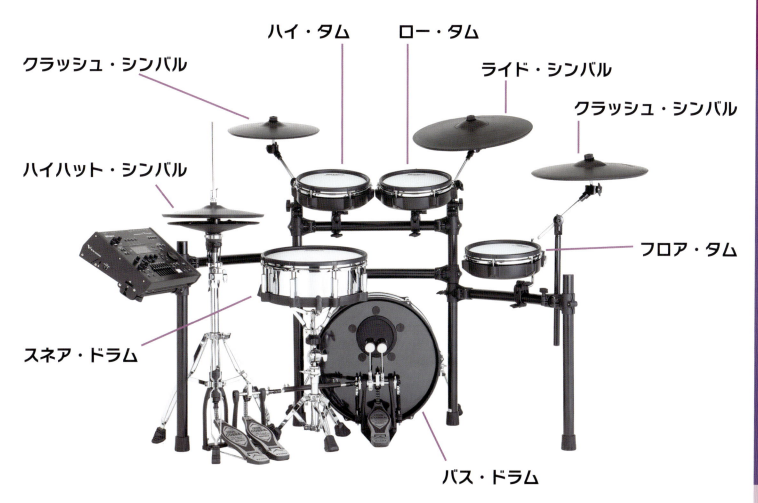

騒音を気にせず自宅で練習したい方におすすめです。電子ドラムは、叩いたときの振動を電気信号に変換し、音源を鳴らして音を出します。ヘッドホンを使うことで、生ドラムよりも打音時の音量を抑えることができ、スピーカーに繋いで音を鳴らせば他の楽器と一緒に演奏することもできます。また、各楽器の構成は生ドラムを基本としていますので、電子ドラムの練習にも本書を役立てていただくことができます。

キック・ペダル（フットペダル）

ビーター
バス・ドラムを叩いて鳴らすパーツ

フット・ボード
足を乗せてペダルを踏む部分

第1章

スティックの知識

ドラムを始めるにあたり、最初にぶつかる壁がスティック選びです。
スティックはいろいろな種類がありますが、主に①長さ②太さ③材質の違いをポイントとして選ぶと良いと思います。標準的なサイズのものが5Aタイプで、直径14mm～14.5mm/長さ400mm前後となっています。
また、5Bは5Aより少し太くて重く、7Aは5Aより細くて軽く、それぞれ演奏ジャンルにより使い分ける人もいます。

■ **チップ**

丸型（ボール型） --- どの角度で叩いても打面に均一に当たるので音が安定します。ストロークが安定しない初心者の方におすすめです。

樽型 --- 形や基本的な特徴は丸型に少し似ていてますが、丸型に比べてヘッドに当たる範囲が広いため叩いたときの音量をアップできます。

卵型 --- 打面に当てる角度によってさまざまな音色をコントロールすることができますが、これから始めようという初心者には少し難しいです。

ナイロン --- 木材ほど密度の個体差がなく安定した音色で、ライド・シンバルなどをナイロン・チップで叩くと非常に煌びやかで輪郭のあるサウンドになります。

■ **素材**

ヒッコリー --- 北米原産のクルミ科の樹木。
適度な重さ、堅さが特長で、非常に扱いやすくジャンルを問わず幅広く使えて初心者の方にもおすすめです。

オーク --- 落葉樹であるナラ（楢）の総称。
堅くて重いのが特長で、折れにくく耐久性も抜群。非常にパワフルなサウンドを鳴らせるのでロックなどの激しいジャンルに適している材質です。

メイプル --- モミジとも呼ばれる楓の木。
非常に軽く少し柔らかいのが特長で、繊細なコントロールがしやすいためジャズやクラシックに向いている材質です。

■ **長さと太さの特徴**

タイプ	①長さ（mm）	②太さ（mm）	音量	重さ	推薦ジャンル
7A	350～410	13～14	小さめ	軽め	ポップス・バラード等
5A	390～410	14～14.5	普通	普通	オールジャンル
5B	390～440	14.5～	大きい	重め	ロック・メタル系

ドラマーに役立つアイテム

◆ スティック・ケース

スティックを持ち歩くのに便利で、保管にも使えるドラムスティックケースです。フロア・タムなどに装着しておけば、演奏中に予備のスティックを素早く取り出すことができますので、スティックを落としたときのサポートにも役立ちます。

◆ 練習パッド

静粛性にも優れているドラムトレーニング・パッドは、ドラム上達の大きな手助けとなります。自室での練習時に、打撃音が確認しやすくタイミングもつかみやすいので、初心者の練習に適しています。
また、リバウンド（叩いたスティックの跳ね返り）の感覚がつかみやすいため、スティック・コントロールの上達にも役立ちます。

◆ メトロノーム

楽器の練習に欠かせないのが、テンポを合わせるアイテムであるメトロノームです。昔ながらの振り子式から電子メトロノームまで、さまざまなものがあります。ドラムの練習時には、イヤホンなどで音を聴くことができる電子メトロノームがおすすめです。
また、スマホアプリなどのメトロノームもあります。

◆ チューニング・キー

スネア・ドラムやタムタムなどのヘッドの張りの強さを調整し、ドラムの音をつくるときに使うのがチューニングキーです。ドラムはギターなどと違い、音の基準が明確ではなくメーターを使ってチューニングをすることが難しいため、はじめはなかなかできないと思いますが、上達とともにさまざまな経験を経て少しずつできるようになります。

第1章

ドラム譜の見方

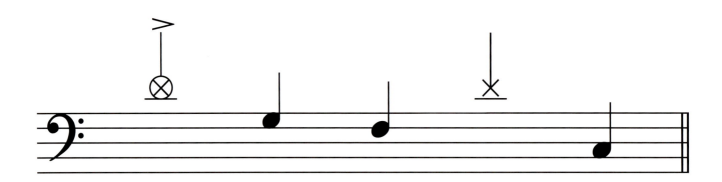

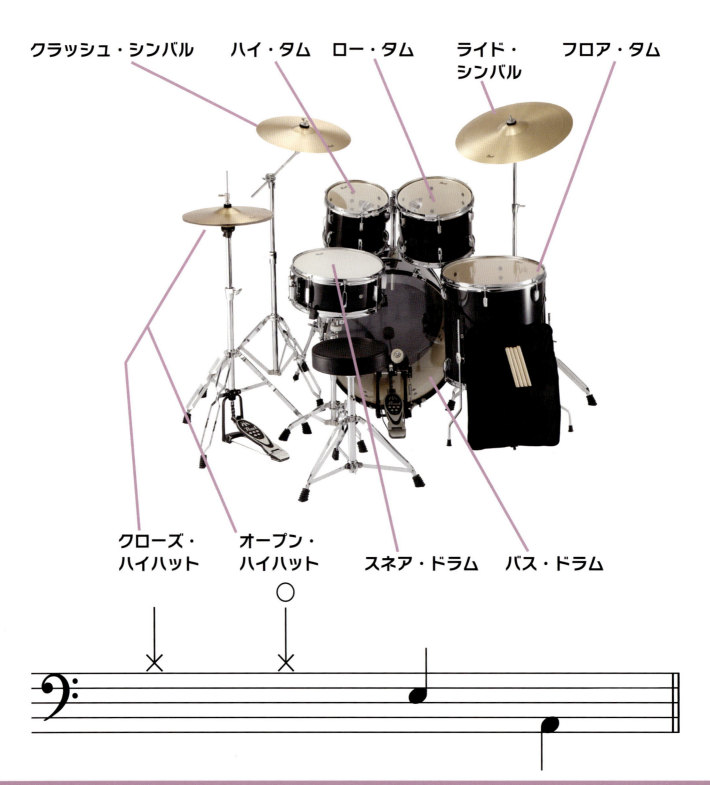

ドラムの構成

◆ **スネア・ドラム**
裏面にスナッピーと呼ばれる響き線が張ってあり、叩くとザッという音色が含まれた個性的なサウンドになります。一般に「スネア」と呼ばれています。

ハイ・タム ◆

2つのタムがセットされている場合、口径サイズの小さい方をハイ・タムと呼びます。口径サイズが小さいほど高い音程がでます。ハイ・タム、ロー・タムは一般に「タム」や「タムタム」と呼ばれています。

◆ **ロー・タム**
2つのタムがセットされている場合、口径サイズの大きい方をロー・タムと呼びます。口径サイズが大きいほど低い音程がでます。

バス・ドラム ◆

基本的なドラムセットの中で一番大きく音程が低い太鼓です。一般に「ベードラ」や「キック」と呼ばれています。

◆ **フロア・タム**
床に置いてセットするタムなので「フロア・タム」と呼びますが、最近ではスタンドがついたものもあります。一般に「フロア」と呼ばれています。タムの種類の中では一番低い音がでます。

ハイハット・シンバル ◆

2枚のシンバルを重ね合わせているシンバルです。リズムを細かく刻んだりアクセントをつけたりする楽器です。ペダルで開き具合を調整することでサウンドをコントロールできます。

◆ **クラッシュ・シンバル**
曲中でアクセントをつけるときに使われます。特に各メロディーパートの最初に叩くことで場面転換させる効果があります。サイド・シンバルとも呼ばれます。

◆ **ライド・シンバル**
ドラムセットの中で一番大きなシンバルで、主にリズムを刻むときに使います。サビなどで盛り上がり感を出すのに効果的なシンバルです。トップ・シンバルとも呼ばれます。

第1章

コラム：ドラム上達のための習慣

本書を手に取ってくださった方にはさまざまな目的や目標があると思います。「バンドで演奏してみたい！」「プロミュージシャンになりたい！」「とにかくブッ叩きたい！」などなど。進む方向は違えども、上達するぞ！という道は同じはず。本書の内容に入る前にドラム上達のための習慣を教えちゃいます。

◆ 最低限の基礎練習は毎日やりましょう

毎日毎日練習？飽きちゃうよ・・・。と思うかもしれません。1日4時間練習してね！とはいいません。本書の「毎日の基礎練習」の項目にも書いてあるような3分で終わる最低限の基礎練習を参考に1日3分でいいです。練習しましょう。大事なことは、モチベーションが下がっていても練習すること。つまりドラムを人生の一部として習慣づけましょう。毎朝歯磨きをするように1日1回スティックを握る時間を決めて実行しましょう。そうしたら自然と上達していくはずです。

◆ 音楽を聴こう

「ドラムがうまくなりたいです！でも特に音楽は聴かないです」では絶対にドラムはうまくなりません。好きなジャンル、好きなアーティスト、好きな曲を楽しんでたくさん聴きましょう。「この曲が演奏したい！」という好きという気持ちがあればきっとドラムはうまくなるはず。音楽を聴くことを当たり前の習慣にしましょう。

◆ 楽譜を怖がらないで！

これは私の経験則ではありますが、ドラマーはある程度のレベルまで譜面がちゃんと読み書きできなくても上達できます。ですが、譜面に目を背けていてもどこかで必ず頭打ちになります。譜面が読めるだけで先人たちが残してきた数多くの教則本などを読み解き、使うことによってさまざまな練習ができるのです。また自分で書けると曲を覚えるスピードも上がりますし、忘れたときも思い出すツールとして使えます。本書は基本的な譜面しかないので動画などで丸覚えすることも可能ですが、楽譜をしっかり見る習慣をつけましょう。

◆ 色々な情報を得よう

昔と違い今はちょっと検索すればいくらでもドラムや音楽の情報が手に入ります。わからないこと、気になったことはすぐ調べる習慣をつけましょう。情報を制する者はドラムを制す！本書の内容も決して鵜呑みにせず、たくさんの情報の中から自分にあった答えを見つけましょう。

<デモンストレーション～あいさつ>

第2章 はじめの一歩（叩いてみよう）

実際に叩いてみましょう。
どんな体勢でも叩くことはできますが、
きちんとした姿勢で叩くことで、
疲れにくく良い音を出すことができます。

第2章

はじめの一歩（叩いてみよう）レッスン1

ドラムは座って叩くことの多い楽器です。（立ってパフォーマンスなどをするときもありますが）ドラムの練習をするときはまず最初に椅子（ドラムスローン）の高さ、座る位置、椅子の位置を決めましょう。ここでは一番オーソドックスな座り方を紹介します。

叩くときの姿勢

最初に椅子の高さを決めましょう。座ったときにほんの少し太ももが斜めになり、膝が腰よりも少し低くなるように椅子の高さを決めます。（私の場合膝小僧の上部分と椅子の座る部分を合わせるくらいと覚えています）

次に座る位置を決めます。前過ぎず、後ろ過ぎず、足に体重が乗せやすいように座ります。後ろ過ぎるとふとももの裏を圧迫しバス・ドラムに体重が乗せにくくなり、かといって前過ぎると体重が足に乗り過ぎてしまいます。

最後に椅子の位置は膝の角度が90度よりほんの少し開くくらいの位置にセッティングしましょう。
また、右足はバス・ドラム、左足はハイハット・シンバルのペダルを踏みます。両足共にペダルの一番上からほんの少しだけ下側（3〜5cm下）につま先がくるように足を乗せます。

スティックの持ち方〜レディポジション〜

まずは右手の持ち方です。スティックの下から3分の1くらい（真ん中より指4本分くらい下）を親指と人差し指の腹で軽くつまみます。このとき親指はスティックと平行になるようにしましょう。そして他の3本の指をやさしくつつみこむように握りましょう。左手も右手と同じように持ちます。このように右手、左手とも同じ握り方を「マッチドグリップ」といいます。マッチドグリップは多くのジャンルにおいて扱いやすいグリップです。

スティックが左右握れたら、ハの字になるようにします。肩の力を抜き、背筋を少し伸ばし、スティックは打面中心から空中へ2、3cm上で構えます。これを「レディポジション」といいます。

グリップの種類

マッチドグリップには大きく分けて3つのスタイルがあります。実際の演奏では叩く場所や演奏したいフレーズによって常にスタイルは変化していきます。

ジャーマン・グリップ
手の甲が真上にくるスタイルです。手首の上下の動きがわかりやすく、ボールを投げるように叩くことができます。

フレンチ・グリップ
親指が真上にくるスタイルです。パワフルに叩けるほか、指を使いやすいため、スピードも出しやすいグリップです。

アメリカン・グリップ
ジャーマン・グリップとフレンチ・グリップの中間のようなスタイルです。バランスに優れたグリップなので本書ではこのグリップを推奨しています。

第2章

はじめの一歩（叩いてみよう）レッスン2

■ バス・ドラムを鳴らそう

バス・ドラムはフットペダルを踏んで演奏します。踏み方は大きく分けて2種類あります。かかとを地面につけて足首の動きで演奏する「ヒール・ダウン奏法」と、かかとを地面から少し浮かせ、足全体の動きで演奏する「ヒール・アップ奏法」です。

■ ヒール・ダウン奏法

かかとを地面につけて踏むので上半身が安定しやすい踏み方です。足首の動きで演奏するため、小さな音で踏むのにとても向いていますが、ロックやメタルなどで大きな音を出すのにはあまり向いていません。

■ ヒール・アップ奏法

かかとを地面から少し浮かせて踏むので最初は上半身が連動して動いてしまったりしますが、慣れれば大きな音だけでなく小さな音もコントロールでき、パワー、スピード共にバランスの取れた奏法です。本書ではこの踏み方を推奨しています。まずヒール・ダウン奏法でビーターを打面に当てた状態にしましょう。そこから指先に体重を乗せつつかかとをほんの少し上げましょう。そして背伸びをする感覚でかかとをぐっと勢いよく上げて太ももをもちあげます。このときペダルから指先は離れないようにしましょう。踏むというよりはストンと落とすような感じで踏みます。踏んだ後はまたほんの少しかかとが浮いた状態に戻ります。

メトロノームに合わせてみよう

それではバス・ドラムの踏み方を覚えたら実際に演奏してみましょう。バス・ドラムはドラムセットの中でも1番大きな楽器なので大きな音が出せるように練習しましょう。また、練習ではメトロノームも使って演奏してみましょう。

ゆっくりのテンポから始めて、少しずつスピードをあげましょう。♩＝１２０くらいになると、踏むというよりはトントンと足をジャンプさせるような感覚で踏むと良いです。
※動画では、ヒール・ダウン奏法、ヒール・アップ奏法で演奏しています。

テンポって何？

楽譜の始まりの部分などに書かれている♩＝120といった表記。これはその楽譜はテンポ120で演奏してください。という意味です。でも、この120ってどういうスピードなのかいまいちわからないですよね。これは1分間に4分音符が120拍ある速さということです。・・・ますますわからない？では♩＝60だとどうでしょう？1分間に4分音符が60拍ある速さ・・・。つまり時計の秒針（1秒）と同じ速さです。♩＝120だと1秒の2倍のスピードということですね。また、♩＝80〜120という表記は、「だいたいこの範囲で演奏してください」という意味になります。自分の演奏したテンポを書き込んでおくと、練習の記録になって後々見返したときなどに役立つと思います。

第2章

はじめの一歩（叩いてみよう）レッスン3

スネアを叩こう

スネア・ドラムはスティックを使って演奏します。基本的にはスネア・ドラムの真ん中を狙って叩きます。叩いた後はレディポジションに戻るようにしましょう。

譜例に書かれた、「R」や「L」は叩く手順を表しています。「R」はRightの頭文字で右手、「L」はLeftの頭文字で左手で叩くという意味です。

次にメトロノームを使っての練習です。

バス・ドラムとスネア・ドラムのコンビネーション

バス・ドラムとスネア・ドラムをいろいろな順番で叩きましょう。この2つの楽器は演奏において特に重要なパートですのでしっかりと大きな音で鳴らしましょう。

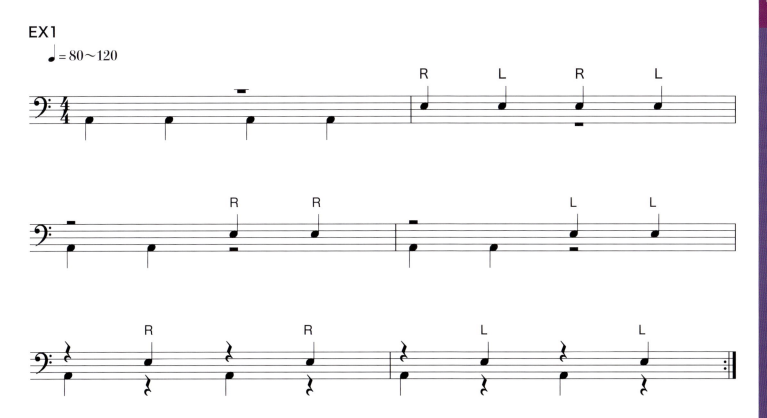

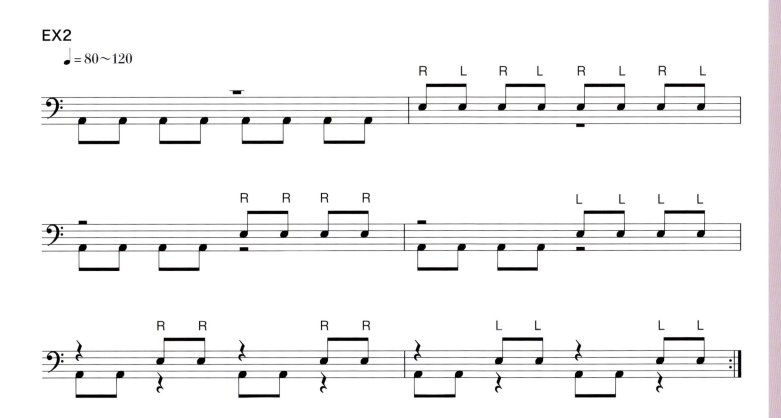

第2章

はじめの一歩（叩いてみよう）レッスン4

ハイハット・シンバルを叩いてみよう

ハイハット・シンバルはスティックのショルダーもしくはチップの部分で、ボウ（平易面部分）からエッジ（はじ）にかけてを叩きます。ショルダーで叩くとワイルドな音が、チップで叩くと細く綺麗な音が出ます。最初のうちはチップでハイハットをねらうと綺麗な音が出やすく、かつ構えたとき、左手のための空間もできるためおすすめです。

ハイハット・シンバルを叩くときは左足のかかとを少し浮かせて踏んでおくと、しっかりと閉まって良い音が出ます。

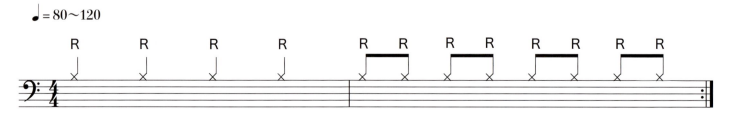

※動画では、1回目：チップ／2回目：ショルダー で叩いています。

ハイハット・シンバルを加えたパターン

バス・ドラム、スネア・ドラム、ハイハット・シンバルの3つを使って練習をしましょう。
楽譜は×印がハイハット（右手）、一番下がバス・ドラム（右足）、真ん中がスネア・ドラム（左手）です。

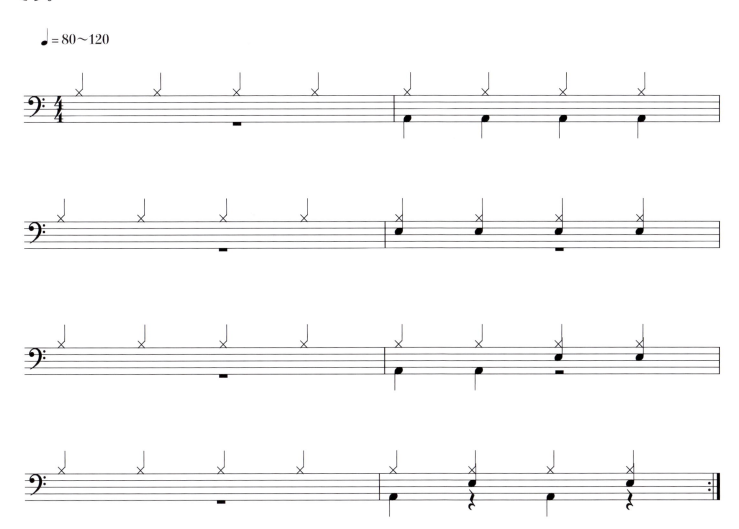

※動画では、1回目：チップ／2回目：ショルダーで叩いています。

最初は自分の思い通りに体は動きませんが、くり返し練習することで少しずつ動かせるようになります。
頑張りましょう！

第2章

8ビートのリズムを体感しよう レッスン5

8ビートとは

8ビートは多くのジャンルの基本となるリズムで、8分音符が基本になっているので8ビートと呼ばれています。ロックやポップスだけでなく、ゆっくり叩けばバラード、高速で叩けばヘヴィメタルなどにも応用できます。楽しんでマスターしましょう！

8ビートの基本パターン

もっともポピュラーな8ビートを練習します。最初は譜面の位置を確認しながらハイハットとスネア・ドラムだけ、ハイハットとバス・ドラムだけ、の様にバラして練習しましょう。

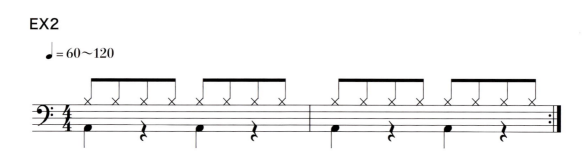

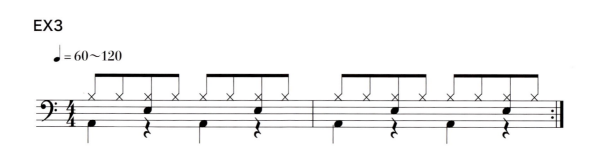

8ビートのカウントの取り方

8ビートに限らず、ドラムはカウントが命です！カウントの方法はいちト、にぃト、さんト、しぃト・・・や、ワンエン、ツーエン、スリーエン、フォーエン・・・などがあります。しっかりと今自分がどこを演奏しているか感じながらカウントしましょう！

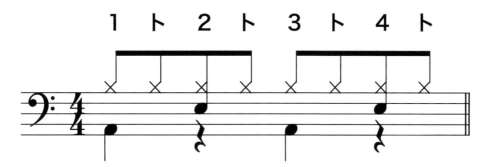

※動画はありません。

8ビートは4拍子

8ビートの数字は8ですが、拍子でいうと4拍子になります。ですのでカウントは、1-2-3-4と4つで考えると良いと思います。カウントは、「いちト、にぃト、さんト、しぃト」あるいは、「ワンエン、ツーエン、スリーエン、フォーエン」と数えるとリズムキープもしやすくなります。

第2章

8ビートのリズムを体感しよう レッスン6

8ビートのバリエーション1

8ビートにはさまざまなバリエーションがありますが、主に右足のバス・ドラムが変化することが多いです。ここでは足が2連打になるものをマスターしましょう。

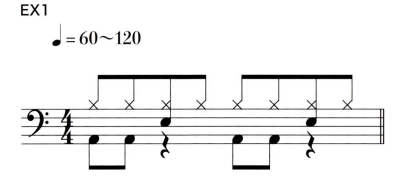

※動画では4回くり返しています。

それではメトロノームを使って、レッスン5で学んだ8ビートと2小節ずつ交互に演奏してみましょう。

8ビートのバリエーション2

レッスン5とレッスン6で学んだ8ビートを使って、さらにバリエーションを増やしてみましょう。最初にバス・ドラムが1打、次に2打というふうに交互に踏みます。

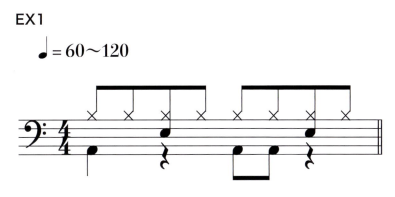

※動画では4回くり返しています。

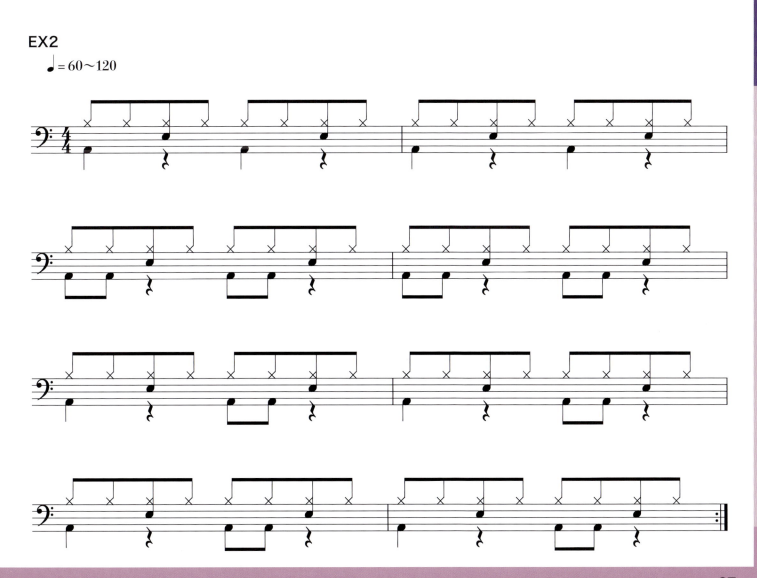

第2章

クラッシュ・シンバルを入れてみよう レッスン7

■ クラッシュ・シンバルの叩き方

クラッシュ・シンバルは曲中の最初や最後、または曲の展開が変わるところなどにアクセントとして入れることの多い楽器です。ドラムセットにおいてはクラッシュ・シンバル単体で鳴らすことは少なく、主にバス・ドラムかスネア・ドラムと一緒に演奏します。叩き方はスティックのショルダー部分でクラッシュ・シンバルのエッジ部分を叩きます。叩く角度に気をつけましょう。叩いた後はすぐに離す感じにすると音が綺麗に伸びます。

■ ハイハットとクラッシュ・シンバルの練習

ハイハット・シンバルとクラッシュ・シンバルを交互に叩いてみましょう。最初は4回ずつ、次に2回、1回ずつと右手の移動に慣れましょう。特にスティックの角度に気をつけます。ハイハットはスティックのチップで、クラッシュ・シンバルはスティックのショルダーを当てましょう。

クラッシュ・シンバルを入れてみよう

それではクラッシュ・シンバルを8ビートと合わせてみましょう。難しく考えず、8ビートの最初の右手の叩く位置がちょっと上の方(クラッシュ・シンバル)に変わるだけと考えてください。

2枚のクラッシュ・シンバル

基本セットのクラッシュ・シンバルは左側に1枚ですが、現在では右側にもクラッシュ・シンバルをセッティングすることがほとんどです。
その場合は、左側に小さい(16インチ程度)シンバル、右側に大きい(18インチ程度)シンバルをセッティングすることが多いです。
一般的には、左側をメインに使い、右側をサポート的に使いますが、決まりがあるわけではありませんので、音色の違いで使い分ければ良いと思います。

第2章

課題曲 1

では第2章のまとめに入ります。ここまでマスターした8ビートやクラッシュ・シンバルを使って課題曲を叩いてみましょう。A、B、Cと進むにつれて8ビートのバス・ドラムが変化していきます。クラッシュ・シンバルも忘れずに。最初はできなくて当たり前です。何度でもチャレンジして、ぜひマスターしてください。

いろいろなタイプのドラムセット

小口径セット
省スペースで設置ができて音量のコントロールも容易なため、近年人気が上がっているドラムセットです。

大口径セット
ドラムは口径が大きくなるほど音程が低くなり音量が上がります。大口径のドラムセットは少人数のバンドで迫力を出したいときなど、骨太なロックサウンドによく合います。

オールインワン・セット
BOX型のケースをバスドラムとして使用することで誰でも手軽にアコースティックドラム・サウンドを楽しむことができます。

ツーバスセット
バス・ドラムを2つ並べたドラムセットで、バスドラの連打をすばやく行うことができます。このセットはハードなロックやテクニカル系のサウンドに向いています。

電子ドラム
アコースティック・ドラムの音やパーカッションなどいろいろな音を出すことができる電子ドラムは、自宅練習からライブまでさまざまな演奏シーンで楽しむことができます。

第2章

コラム：自宅でのドラムの練習について

◆ **ドラマーはなかなかドラムを叩けない？**

楽器を始めるにあたって、ギターを始めたい！と思ったらギターを買うでしょうし、ピアノを始めたい！と思ったらアップライトピアノなり電子ピアノを買われる方、もしくは持っている方が多いと思います。しかし、ドラムを始めたい！と思ってもドラムセットや電子ドラムを最初から買う方はかなり少ないと思います。私の生徒さんで最初から生ドラムセットを買う方はほぼいません。かく言う私もドラムを始めてから実際に電子ドラムを買うのに8年、生のドラムセットを買うのに15年もかかりました（スネアやシンバル、フットペダルなどはたくさんたくさん買いましたが・・・）。これは日本の住宅環境によるものが大きいんじゃないかなと感じます。まず置き場所がない、置けたとしてもうるさすぎて近所迷惑だしなかなか自由には叩けないなどなど。そういえば私が習っていたアメリカの先生は、実家がとても広く、隣家まで1kmほど離れているのでいつでも叩けたとおっしゃっていました。羨ましい・・・。ドラムやってるけど自分のドラムは持ってない、他のパートと違いそんな稀有な楽器なんじゃないかなと感じます。

◆ **自宅でのドラムの練習をどうするか**

本書を見てくだっさている方で、「私の家はドラムセットでも電子ドラムでも余裕で置けるよ」という方はもうじゃんじゃん練習してください。とても恵まれた環境だと思います。自宅に電子ドラムを置いたり、ドラムセットに消音パッドやメッシュヘッドを張っていれば気兼ねなく練習できます。最高です。しかしそうでない方はどうするか。究極ですが椅子とスティックがあれば練習できます。私も高校生でドラムを始めてからしばらくの間、自宅ではエアードラムで練習しておりました。ドラム型の練習台はあったんですが海外製で消音効果など全くないしろものでしたから叩くたび家族から非難轟々・・・。エアードラムは空中でスティックを振るので跳ね返りがないぶんとても練習になりました（シャドーボクシング的な？）。まずは好きな曲を聴きながらリズムに合わせてスティックをテキトーに振ってみる。そんな感じでも十分練習になると思います。物足りなくなって来たら、練習パッド1台あればできることはとても広がります。後の章でも取り上げる毎日の基礎練習を参考にしてみてくださいね。

第3章 フィルインの練習

フィルインを練習しましょう。
フィルインを入れることで、
ドラムの楽しさがどんどん広がります。
この章ではフィルインを
マスターするコツを伝授いたします。

第3章

フィルインの練習レッスン1

フィルインとは？

フィルイン（埋める）とは曲の展開が切り替わる場面などに合図として入れたりするフレーズの事です。フィルインには本来メロディとメロディの間を埋めるといった意味合いがあります。日本では「おかず」などとも呼ばれます。

フィルイン練習～食べ物を覚えよう～

まずはよく使う4つのフィルインを練習しましょう。覚え方ですが、私は食べ物で覚えています。特に楽譜を見たときにパッと食べ物（リズム）が出るようになるまず見た目を覚えましょう。各食べ物は4つずつ（4拍）演奏します。

EX1：くり

EX2：キャンディ

EX3：にんじん

EX4：ドーナツ

フィルインの練習レッスン 2

タムタム＆フロア・タムの叩き方

スネア・ドラムと同じように打面の真ん中を叩きます。スティックを少し高い位置から落とすように、スネア・ドラムに比べるとやや強めに叩くのが良いでしょう。

フィルイン練習～叩く場所を変えてみよう～

では実際のドラムセットで各フィルイン（食べ物）を、時計回りに場所を変えて叩いてみましょう。なるべく食べ物を口でいいながら、自分の叩いた音をしっかり聴きながらイメージ通りに叩けるようにしましょう。（例えば、ドーナツが、ドナツーや、ドナーツなどにならないように！）また、譜面の叩く場所がわからないときは『第1章12ページの「ドラム譜の見方」』を繰り返し見てくださいね。

EX1：くり

EX2：キャンディ

EX3：にんじん

EX4：ドーナツ

第3章

フィルインの練習レッスン3

8ビートとフィルインを合わせよう

いよいよ8ビートとフィルインを合わせましょう！やっとごはんとおかずが出会うといった感じですね！（クラッシュシンバルはさしずめ「いただきます」や「ごちそうさま」といったところでしょうか・・・？）ごはん3回、おかず1回というイメージで、数もしっかり数えましょう。8ビートとフィルインでスピードが変わらないように、メトロノームを使って一定のテンポで演奏できるように頑張りましょう。特にフィルインではリズムが前のめりになってしまうことが多いので気をつけましょう。

EX1：くり

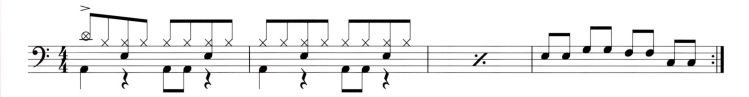

EX2：キャンディ

EX3：にんじん

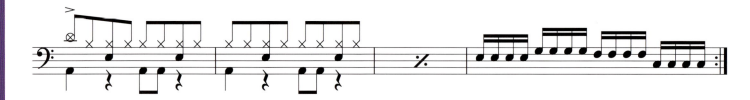

EX4：ドーナツ

フィルインの練習レッスン4

フィルインを混ぜてみよう

ここまででマスターしたフィルインを混ぜてみましょう。最初は「この食べ物なんだっけ・・・」とか、「手順なんだっけ・・・」などあると思いますが少しずつ覚えていきましょう！ここでも食べ物をしっかり口でいいながらチャレンジしましょう。

EX1：くり＋キャンディ

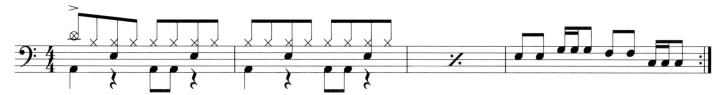

EX2：キャンディ＋ドーナツ

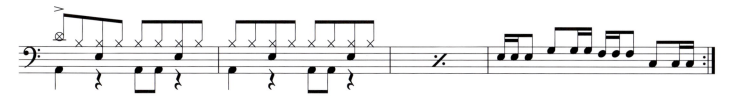

EX3：にんじん＋くり

EX4：ドーナツ＋にんじん

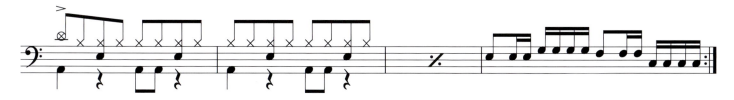

EX5：くり＋キャンディ＋にんじん＋ドーナツ

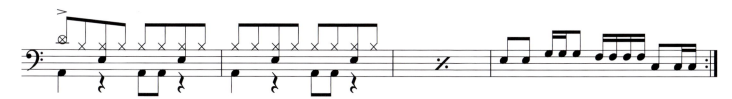

第3章

フィルインの練習レッスン5

叩く順番を変えてみよう

ここまでのフィルインは、スネア・ドラム→ハイ・タム→ロー・タム→フロア・タムという風に時計回りに叩いてきましたが、必ずこの順番と決まってるわけではありません。1か所しか使わない場合や、反時計回り、クロスさせたりなどさまざまな順番で叩きます。ここでは楽譜の位置を覚える意味も込めていくつかのフィルインを練習してみましょう。またバス・ドラムを各食べ物1つにつき1回ずつ入れてみましょう。（難しければ最初はなくても大丈夫です）

フィルインの練習レッスン 6

フィルインの長さ（食べ物の数）を変えてみよう

フィルインは曲の展開によって長さが変わります。盛り上げたいサビやエンディングの前では長いフィルイン（食べ物が4つなど）。AメロからBメロに変わるときは短めのフィルイン（食べ物1つや2つ）などです。例えば、何でもない日の食卓にたくさんの豪華なおかずが並んでいたら、「あれ？今日はだれか誕生日だったかな‥？」と不思議に思いますよね。ようはおかずは適材適所。曲の展開に合った量や内容を演奏します。ここでは食べ物が1つのとき（1拍）と2つのとき（2拍）を練習しましょう。

第3章

フィルインの練習レッスン7

叩く場所をもっと細かくバラそう

レッスン6までは食べ物1つにつき1つの場所でしたが、食べ物自体がバラバラに動くこともあります。これはいよいよ複雑になってきました・・・。とはいえ両手がクロスしてしまったり、移動が激し過ぎたりと合理的ではないものはめったにないので、実はバリエーションはそこまで多くないかもしれません。難しいものもありますが少しずつ慣れていきましょう！

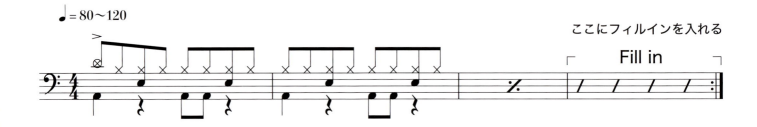

くりのフィルイン・バリエーション

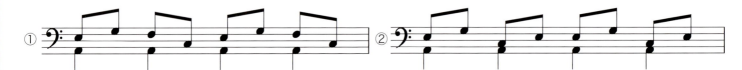

両手で同時に叩く場合もあります。

キャンディのフィルイン・バリエーション

※動画では、フィルインのみ叩いています。

にんじんのフィルイン・バリエーション

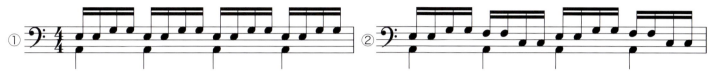

ドーナツのフィルイン・バリエーション

フィルでクラッシュを叩く場合もあります。

※動画では、フィルインのみ叩いています。

いかがだったでしょうか？ほんの一例ですが、たった4つの食べ物だけでもこれだけのフィルインのバリエーションが作れます。実際はこれらを組み合わせたり、長さももちろん変わります。自分なりのフィルインを作ってみるのも楽しいのでぜひチャレンジしてみてください。

第3章

フィルインの練習レッスン8

フィルイン攻略法

はじめて見る楽譜を叩くとき、私の生徒の皆さんを見ていると、だいたい「このフィルインどこ叩くのかなぁ」と叩く場所から合わせようとする方がとても多く感じます。でもこれでは手順だったりリズムだったりを後回しにしてしまうため結果的に読むのが遅くなりやすいです。私が推奨する攻略法は以下の通りです。

① 音符のリズムを見る（食べ物をイメージ）
② 左右の手順を決める（R，L，両手）
③ ①と②を踏まえて場所を読む

①の音符のリズムを見るというのはそのリズムが、にんじんなのか、ドーナツなのか、くりなのかetc…。音符の符頭（黒丸部分）ではなく、符幹や符尾（棒線部分）を見ましょう。そうしておおまかなリズムを把握します。
②の左右の手順はそのリズムを叩く場合のセオリーの手順をイメージします。にんじんならRLRL、キャンディならRLRなど。明らかに音符に両手がある場合はその部分を両手(W)にします。
③最後に①と②を踏まえたうえで場所を見ましょう。場合によってはハイハット・シンバルやクラッシュ・シンバルになっていることもあるので注意です。また足が混じっていた場合は最後に足を足しましょう。このとき食べ物などを言いながら叩きます。それでどうしても手がクロスしてしまったり、明らかにやりづらいときは②の手順を変えましょう。セオリー通りの手順では攻略しづらいものももちろんあります。

慣れてくると①②が一瞬のうちに脳内で処理できるようになるのでいきなり③から始められるようになります。この攻略法、実はフィルインだけでなく初めて出会うリズムや、キメなどドラムの楽譜全般に使えますのでおすすめです！

曲の構成を把握しよう

ドラムはバンドの土台

ドラムはバンドアンサンブルにおいていくつかの役割を担っています。特に重要なのが"曲の構成の把握"と"リズムキープ"。特に"曲の構成の把握"は最も重要といっても良いかもしれません。ドラマーが次の展開をわかっていなかったり、キメやブレイクなどみんなでしっかり合わせるところや、まして終わり方がわかっていないともう大変です。他のパートが止まってしまってもギリギリ何とかなりますが、ドラムの演奏が止まってしまったり、逆に止まる場所がわからなくなってしまったらもうそこで曲は崩壊してしまうのです。8ビートやフィルインなどの技術的な部分ももちろん大切なことですが、私たちドラマーがオーケストラでいう指揮者の役割を担っていることを十分理解しましょう。

曲の構成を把握するときのコツ

例えば曲のバンドスコアや、本書のように教則本についている課題曲などを読むときに1小節1小節丁寧に読んで練習していませんか？それももちろん良い事なのですが、先にも書いた通りドラマーの役割としては"曲の構成の把握"が重要ですので、まず「イントロが4小節あって、Aは8小節目でおかず、Bは8小節目でブレイクだな、おっ！Cは9小節あるぞ？」というように全体の構成をざっくりと見ましょう。そして小節数を数えながらざっくりと叩いてみます。このとき8ビートなどのごはんもフィルインも、おおまかなリズムが合っていればテキトーで良いのです。曲の全体の構成がおおまかに理解できてきたらもっと正確に譜面を読んで細かくフィルインだけで練習してみたり、8ビートの練習をしたりします。

あまり大きな声では言えませんが、ドラムって良い意味でテキトーな楽器（自由度が高い楽器）なのです。「おいそこ！ロー・タムがハイ・タムになってたぞ！」とか「そこの足1発抜けてたぞ！」などと怒られることはまずありません。メロディ楽器ですと半音ズレただけでも違和感が出ますが、我々ドラマーはフィルインが違っていても8ビートのバスドラムが増えたり減ったりしても構成がちゃんと合っていればまぁ問題ないのです。私も学生時代先生によく言われましたが、「ドラマーは曲を始められて、終われたらそれでええんやで。難しいフィルとかにこだわり過ぎたらあかんで」この言葉を読者の皆さまにも贈りたいと思います。

第3章

曲に合わせて叩いてみようレッスン１

マイナスワン音源に合わせてみよう

マイナスワン音源とは楽曲の全体の音から１つのパートの音だけを抜いた音源のことを指します。いわゆる「カラオケ」もボーカルを抜いたマイナスワンの一種になります。本書ではドラムの音を抜いたものです。

曲を演奏するときのコツ

マイナスワン音源ではドラムが入っていない分テンポがわかりにくくなるかもしれません。他のパートであるギターやベース、キーボード（編成によりますがボーカルなどなど）の音をしっかり聴いてドラムを叩きましょう。音源といえど一緒に演奏している気持ちで！ただ音源に頼り過ぎると遅れやすいので、あくまで自分でリズムを出して結果的に音源と合っていることが理想的です。まずは次の楽譜で練習してみましょう。

4小節ごとにフィルインを入れて叩いてみよう

マイナスワン①

よくあるミスがフィルインでハシってしまうことです。叩くことに精一杯になっていると周りの音が聴けなくなってしまうので、フィルインは何も考えず滑らかに叩けるよう練習しましょう。

「ハシる」とは

漢字で書くと「走る」で、文字通りリズムが速くなる、前のめりになるという意味です。他に「ハシり気味」「ハシってる」「突っ込む」みたいな使い方をします。

第3章

曲に合わせて叩いてみようレッスン2

フィルインのバリエーションを加えよう

先ほどと同じ曲で、フィルインを変えてみましょう。叩くフィルインのバリエーションが増えると途端に焦ってしまいますが、1つずつ周りをしっかり聴いて合わせましょう。

マイナスワン②

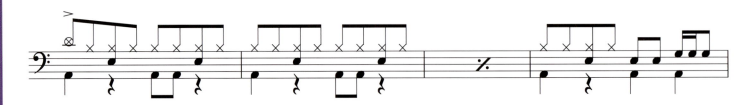

曲に合わせて叩いてみようレッスン3

長さの違うフィルインを加えてみよう

同じ曲でフィルインの長さの違うものも入れてみましょう。

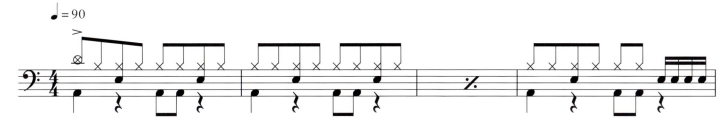

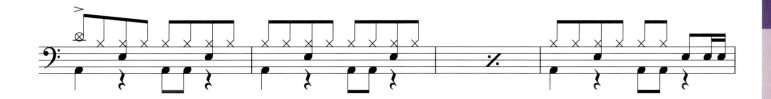

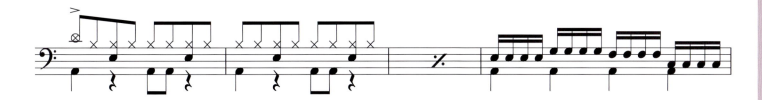

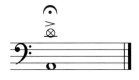

うまくできましたか？だいぶドラマーらしくなってきましたね！

第3章

毎日の基礎練習1

シングルストロークのすすめ

ここまで本書を頑張ってきた皆さまから「もっともっと練習したい！自分のやりたい課題の他に、家でもできて毎日やるような基礎練習はないですか？」といった声が聞こえてきます・・・。ズバリいいましょう。「あります」と。

ドラマーにはたくさんの方がいます。本書を見てくださっているドラムを始めたての初心者の方、中級者、上級者、さらにはやりたい音楽、好きな音楽も人それぞれ。ですので基礎練習と一口にいってもその方のタイプやレベルによって必要なものは変わってきます。
ですが、全ジャンル、全レベルの方に絶対的に必要な要素があります。それが「シングルストローク」つまりただの連打です。シングルストロークがドラムの全ての基礎を支える基礎。お家を建てるときの地面といっても良いでしょう。地面がないとお家は建ちません。地面が広いと立派なお家が建ちます。それくらい根本的なものだと私は思います。
さて、「シングルストローク」は「連打」や「オルタネート（交互に）」とも呼ばれますが、大事な点は3つ。それは

①綺麗に！ ②速く！ ③長く！

この3拍子がそろっていないといけません。綺麗なだけでスピードが出せないと速いフレーズに対応できません。速いだけでテンポに合ってないと意味がありません。綺麗に速く叩けるけど一瞬だけ！これも良くありません。

「いやいや、私ゆっくりな曲しかやりたくないんで・・・」なんておっしゃるあなた。テンポがゆっくりということはそれだけ演奏できる音符のバリエーションが豊富ということですよ！私のお友達のポップスバンドのドラマーは、メタラーである私よりシングルストロークが綺麗で速い。うまいドラマーほど連打が速く綺麗。これ常識。

というわけでレッツトライエブリデイ！！！

シングルストロークの練習

まず最初に自分がどのくらい手が動くかを調べます。ＥＸ１の譜面を１分間叩きましょう。１分間叩き続けられるギリギリのテンポを調べます。しっかり記録しておきましょう。

EX1

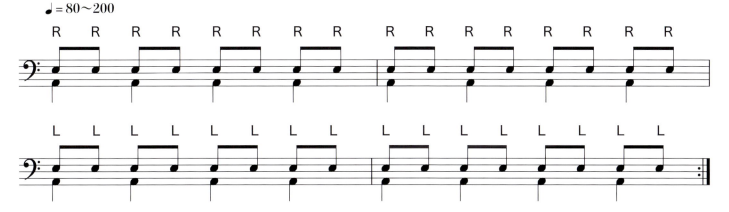

次に、ＥＸ２の譜面を１分間叩き、ギリギリ叩き続けられるテンポを調べます。同じく記録します。

EX2

最後にＥＸ３の譜面を１分間叩きましょう。これが一番きついので無理のないようにしましょう。こちらもギリギリ叩き続けられるテンポを記録しておきます。

EX3

※動画の ♩ = 200 では、EX2・EX3 は４回くり返しています。

以上の３つのエクササイズを毎日行います。すべてやったとしても３分で終わります。毎日記録をつけることで自分が叩けるテンポをデータ化できますし、テンポが上がれば上達を数値で見ることができてモチベーションにもつながります。また、練習パッドだけでなく、やわらかいクッションや、空中なんかでもやってみたり、叩く時間を伸ばしてみたりも試してください。時々メニューを変えるととても良い刺激になります。

第3章

課題曲2

フィルインまとめ

さていよいよ第3章のまとめです。第3章では基本的なフィルインの形を4つ覚えてもらい、また長さも変えました。それらを使ってまとめの課題曲を演奏してみましょう。まずは曲の構成をざっくりと見る。次に実際に叩きながらおかずのだいたいの位置を把握しましょう。あとは間違いやすいところを練習します。

ヒントとして課題曲2で使うフィルインをざっとまとめておきます。

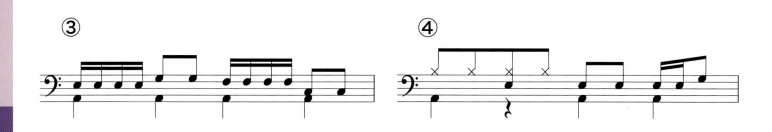

※動画はありません。

第3章

コラム：ドラマーがそろえておきたい機材とは？

ドラマーは自分の楽器（ドラムセット）を最初に買わない？というお話はしましたが、ではドラムを始めるにあたって（スティックや練習パッドは一番最初に最低限必要として）どんな機材を揃えればいいの？と思うかもしれませんね。あくまで個人的な意見ですがおすすめを紹介していこうと思います。

それはズバリ"フット・ペダル"です。何故フット・ペダルをおすすめするかというと、バス・ドラムの踏み心地は演奏に大きく影響するからです。もしフット・ペダルを持っていない場合、リハーサルスタジオやライブハウスで常設されているもの、レンタルできるものを使うことになります。ですが、多くのリハーサルスタジオやライブハウスの機材は他の方も使っておりますし、傷んでいたり、錆びていたり、スプリングの強さ、ビーターの長さや角度などの設定も他の方がいじっているかもしれません。大事な大事なライブのときにバス・ドラムがうまく演奏できなかったら・・・。というわけでフット・ペダルをおすすめします。

ではどんなペダルを買えば良いか。なかなか難しい問題ですが、私の意見としては、安物は買わない方が良いと思います。私も学生時代お金がなかったものでよくわからないメーカーの超安いペダル（ツインペダルでしたが破格の９千円！）を買ったのですが、ちょっと強く踏むとすべてのパーツが爆発四散（笑）するペダルで全く使いものにならずただお金を無駄にしただけでした・・・。

なるべく大手のメーカーの最上位機種とはいいませんがそれに近いものを買っておけばまず間違いがないです。大事に扱えば一生使えます。まずはぜひお店などで眺めてみて、見た目が気に入ったものを試奏させてもらって、店員さんの意見、ネットの意見なども参考に選んでみてください。

第4章 ライド・シンバルを叩いてみよう

ライド・シンバルとフロア・タムで
表現力を高めましょう。
新しく叩く楽器が増えますが、
その分表現力が高まりますので、
ぜひチャレンジしてみましょう。

第4章

ライド・シンバルを叩いてみよう1

ライド・シンバルの叩き方

ライド・シンバルは一般的なドラムセットのなかで一番大きなシンバルです。クラッシュ・シンバルより厚みがあり、大きさも20インチから22インチがよく使われます。ポピュラーミュージックではハイハット・シンバルと同じくリズムを刻むときに使われることが多く、サスティン（音の長さ）も長いので、サビやエンディングなど盛り上げたい所で使います。叩き方はスティックのチップ部分でシンバルのボウの真ん中あたりを叩きます。

また、曲によってはライド・シンバルのカップ部分をスティックのショルダーで叩くと、キンキンと歯切れのよい音が出せますし、クラッシュ・シンバルと同じようにスティックのショルダー部分でエッジを叩くこともあります。ではいろいろな叩き方で試してみましょう。

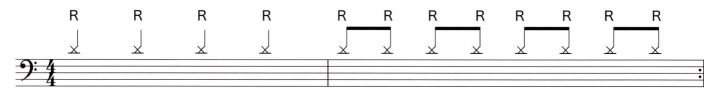

※動画では、1回目：ボウ／2回目：エッジ／3回目：カップを叩いています。

8ビートでライド・シンバルを叩いてみよう

8ビートの右手をライド・シンバルで叩きます。ハイハット・シンバルを叩く際に手がクロスしていたものがオープンな形になります。右手の動かし方は一緒ですので焦らず練習しましょう。

EX1

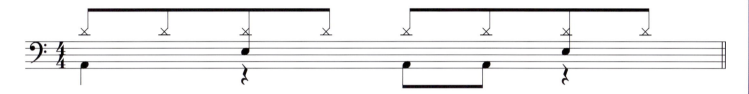

※動画では4回くり返しています。

慣れてきたらクラッシュ・シンバルも入れましょう。この場合クラッシュ・シンバルは右側のものを叩くと右手の移動が少なくスムーズです。

EX2

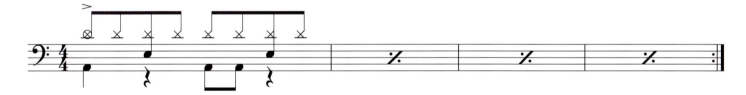

第4章

ライド・シンバルを叩いてみよう2

ライド・シンバルからフィルインの練習

ライド・シンバルで8ビートを叩いた後、フィルインを入れてみましょう。こちらでもクラッシュ・シンバルは右側のものを叩くとスムーズです。

EX1

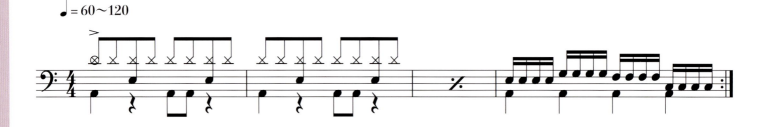

EX2

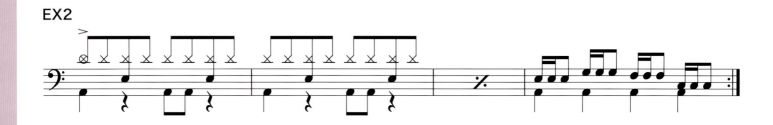

EX3

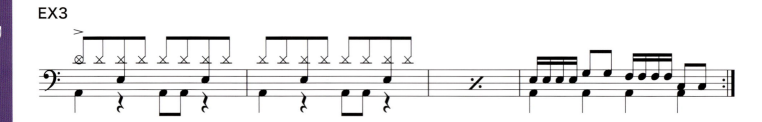

ハイハット・シンバルとライド・シンバルの移動

曲で8ビートを演奏するときはハイハット・シンバルやライド・シンバルなどそのとき必要な場所を叩かねばなりません。移動にしっかり慣れておきましょう。

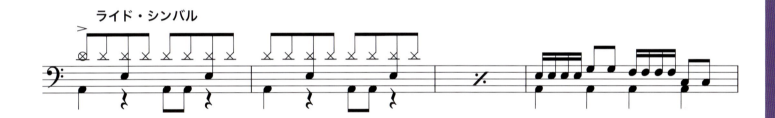

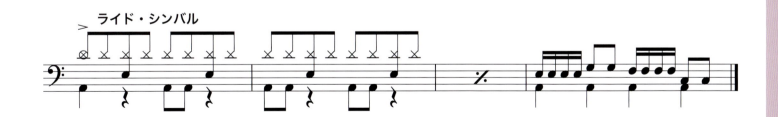

第4章

フロア・タムを叩いてみよう

8ビートを叩いてみよう

8ビートではライド・シンバルの他にも右手をフロア・タムに移して演奏することもあります。ハイハット・シンバルやライド・シンバルとは違った、どっしりとしたリズムが魅力的です。

EX1
♩=60～120

8ビートの右手をフロア・タムへ

※動画では4回くり返しています。

慣れてきたらクラッシュ・シンバルを入れましょう。こちらもクラッシュ・シンバルは右側を叩くとスムーズに移動できます。

EX2
♩=60～120

ハイハット・シンバル、フロア・タム、ライド・シンバルへの移動

最後に8ビートで3つの場所を使って叩いてみましょう。ＥＸ1ではフィルインなしで行います。ＥＸ2ではフィルインもつけましょう。移動は素早くスムーズに。次にどんなパターンがくるかイメージしながら練習しましょう。

EX1

EX2

第4章

いろいろな叩き方を覚えよう

4つのストローク

スティックの振り方は大きく分けて4種類あります。まずは1つずつ練習しましょう。この基本の4つのストロークをマスターすれば簡単な音符にも強弱がつけられるようになり、演奏の表現力が段違いに上がります。また、演奏のスピードアップにも必須の項目ですので、地味なトレーニングですがしっかりマスターしましょう。

フルストローク（F）「高→高」

大きな音を連続で演奏したいときに使う振り方です。スティックを高い位置（拳が顔の横くらい）から落とすように叩いて、また同じ位置に戻ります。このとき打面に当たった瞬間素早く上げましょう。スティックのバウンドを利用できるととても良いです。フルストローク（F）の後は、またフルストローク（F）か、ダウンストローク（D）が演奏できます。

フルストローク（F）

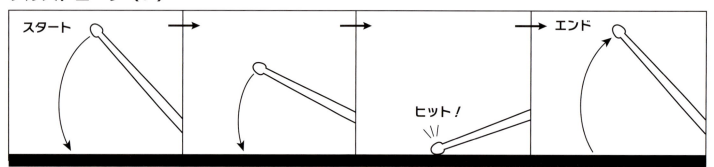

ダウンストローク（D）「高→低」

フルストロークと同じく大きな音で演奏できますが、こちらは高い位置から叩いた後に低い位置で止めます。おおよそ1cm〜3cmくらいの位置に止まるようにしましょう。無理やり止めず、手をそのまま下で置きっぱなしにするような感覚です。ダウンストローク（D）の後は、タップストローク（T）か、アップストローク（U）を演奏します。

ダウンストローク（D）

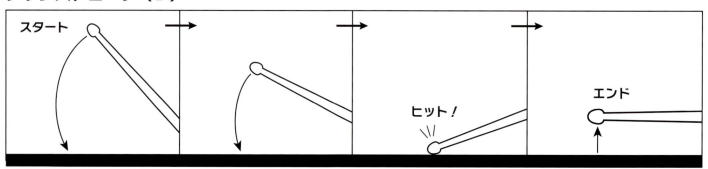

60

タップストローク（T）「低→低」

小さな音を連続で叩きたいときの振り方です。レディポジション（打面から1cm～3cm）の低い位置から手首の力を抜いてコツンと当てます。そのままもとの低い位置に戻ってきます。タップストローク（T）の後は、またタップストローク（T）か、アップストローク（U）を演奏します。

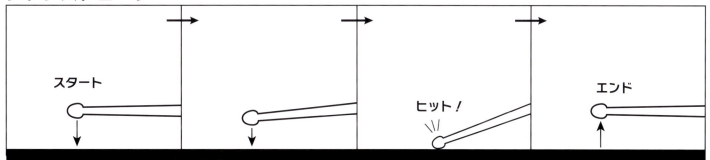

アップストローク（U）「低→高」

小さな音を叩いた後に、大きな音を叩く準備をする振り方です。レディポジションの低い位置から手首の力を抜いてコツンと当てて、そのまま手首が釣り上げられるように高い位置までもっていきます。腕を上げるときに偶然当たってしまったくらいの感覚です。アップストローク（U）の後は、フルストローク（F）か、ダウンストローク（D）を演奏します。4つのストロークの中では一番難しく、一番重要です。

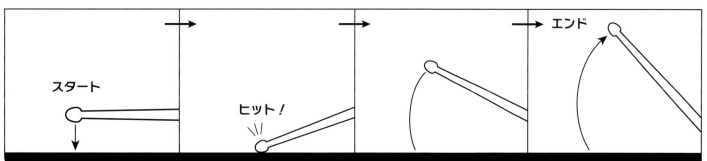

4つのストローク練習エクササイズ

4つのストロークをすべて使ってのエクササイズです。EX1は片手ずつ全てのストロークを順番に叩きます。EX2は左右交互にすべてのストロークを練習します。特にFとUのストロークで手が上がっていなかったり、反対の手が関係ないのに上がったり下がったりしてしまわないように注意しましょう。

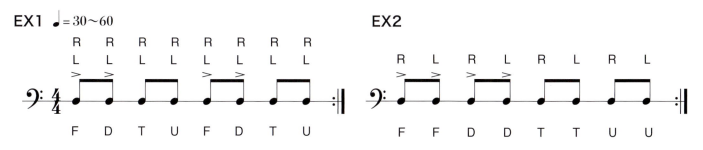

※動画は、♩＝40でEX1のRとL、♩＝60でEX2を叩いています。

第4章

チェンジアップ（ダウン）

チェンジアップ（ダウン）とは？

チェンジアップ（ダウン）とは1拍を1つ、2つ、3つ、4つ・・・などに分割した音符を順番に叩いていく練習です。実際の演奏でも、8ビートのあとに急に4分音符のフィルインやキメが入ったり、4分音符と16分音符が混じったフィルインなども出てきます。しっかりメトロノームの1, 2, 3, 4を聴きながら叩きましょう。特に1拍を3つに分割した3連符は手順が毎回左右逆転しますので最初に練習しておきましょう。

3連符の練習

チェンジアップ（ダウン）をより効果的にするために3連符をマスターしましょう。ここでは「バナナ」の文字を当てはめながら叩きます。3文字であれば「みかん」でも「メロン」でも「ぶどう」でも良いので、自分がイメージしやすいもので叩きましょう。

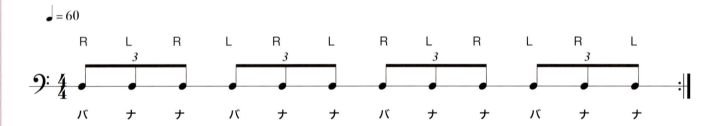

次に4分音符や8分音符からの移動を練習します。

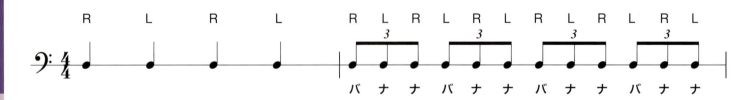

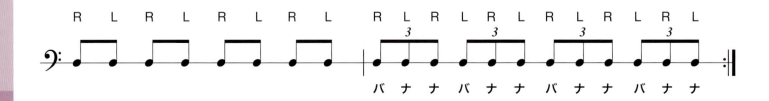

チェンジアップとチェンジダウンの練習

3連符の練習ができたら、4分音符、8分音符、3連符、16分音符の順番にチェンジアップを行います。16分音符の後はまた3連符、8分音符、4分音符（以下繰り返し）と、登山の様に登って下りていきます。特に下りがとても難しいので頑張りましょう！慣れてきたら、バス・ドラムを4分音符で入れたり、同時に左足でハイハットも入れてみたりと、いろいろな工夫の仕方もあります。

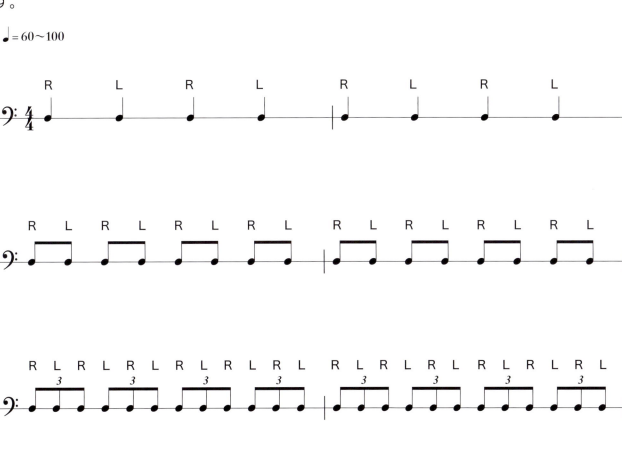

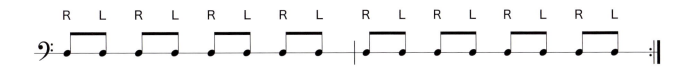

第4章

8ビートのバリエーション

ドツタドドツタツ

8ビートのバリエーションを増やしていきます。上半身（ハイハット・シンバル、スネア・ドラム）の動きは変わりませんので落ち着いてバス・ドラムの位置を確認しましょう。

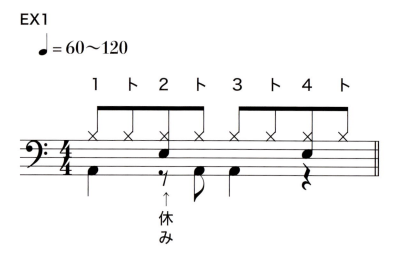

※動画では4回くり返しています。

この8ビートはクラッシュ・シンバルの後のバス・ドラムが比較的早く来ますので、抜けないように注意が必要です。また、4拍目左手のスネア・ドラムも位置が変わりやすいので気をつけましょう。

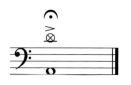

ドツタドッドタツ

こちらの8ビートは裏拍のバス・ドラムが2回続きますので混乱しやすいです。1つ1つ確実に叩きましょう。この8ビートで苦戦する方がとても多いので、頑張りましょう！

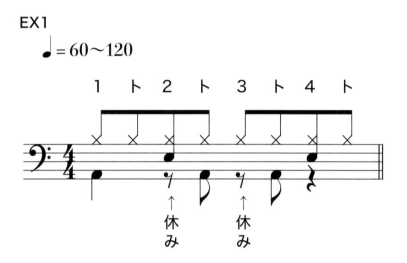

※動画では4回くり返しています。

慣れてきたらクラッシュ・シンバルを入れて練習します。

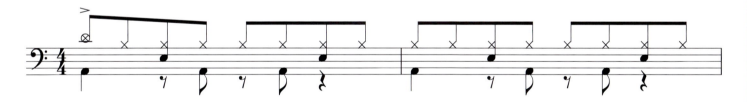

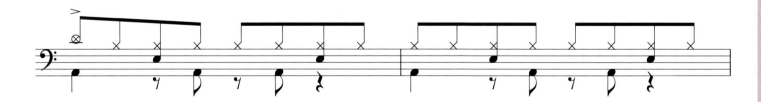

第4章

8ビートのバリエーション～2小節パターン～

2小節パターン1

ここまでの8ビートは1小節のパターンでしたが、2小節で1つのパターンとするものもあります。まずは今までにマスターした8ビートを2つ並べて順番に叩いてみましょう。上半身の動き（ハイハット・シンバル、スネア・ドラム）は変わりませんのでバス・ドラムの位置を意識して、またスネア・ドラムがつられてずれないように気をつけましょう。

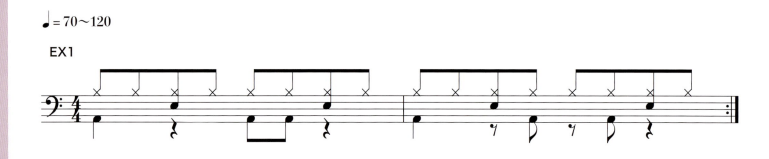

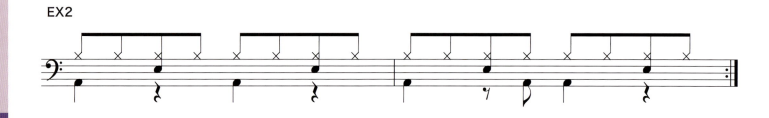

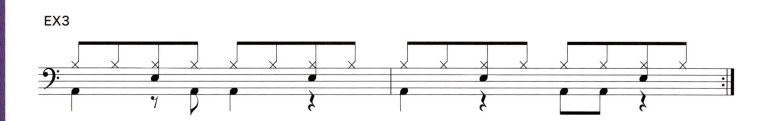

2小節パターン2

ここまで学んできた8ビート以外にもたくさんの8ビートがあります。ここではポピュラーミュージックでよく演奏される2小節パターンをいくつか紹介します。ぜひチャレンジしてみてください。

♩=70〜120

EX1

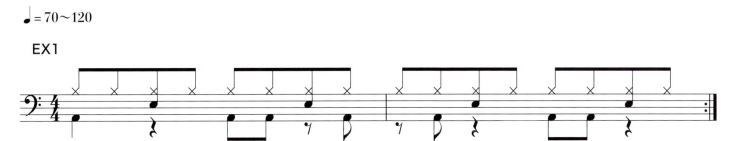

EX2

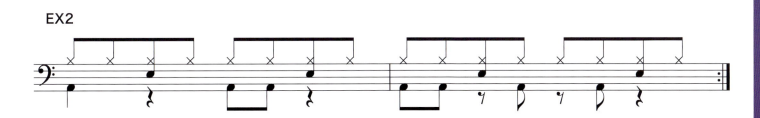

EX3

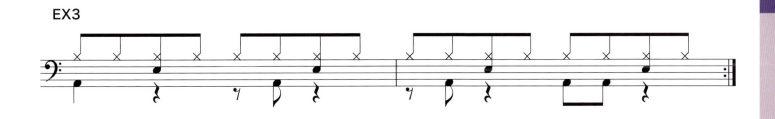

EX4

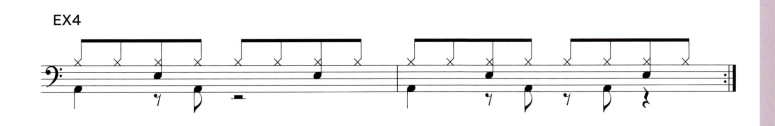

EX5

第4章

8ビートからフィルインにスムーズに入るために

フィルイン前のバス・ドラムの練習1

フィルインの直前にバス・ドラムが入っている場合（下記譜面のような形）足の2連打目に対して手もフィルインのために移動しないといけないので、リズムが崩れやすいです。ここでは2拍のフィルインの前にバス・ドラムが入っているパターンを練習しましょう。

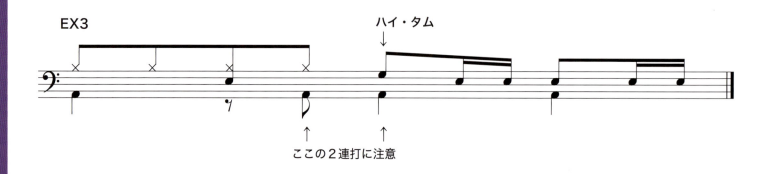

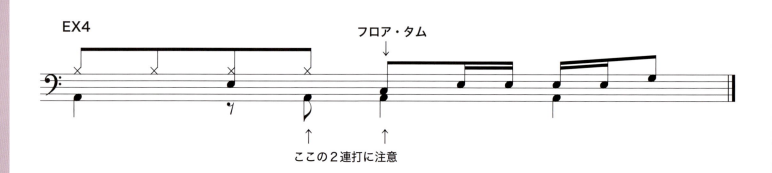

フィルイン前のバス・ドラムの練習 2

さらに4拍のフィルインでも練習しておきましょう。

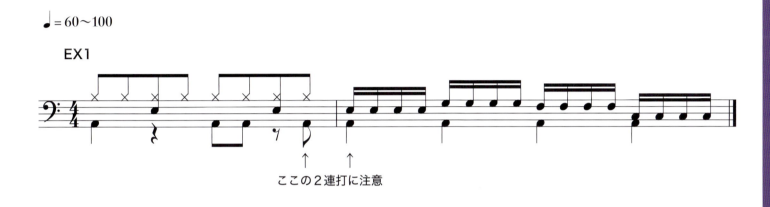

EX1

↑ ↑
ここの2連打に注意

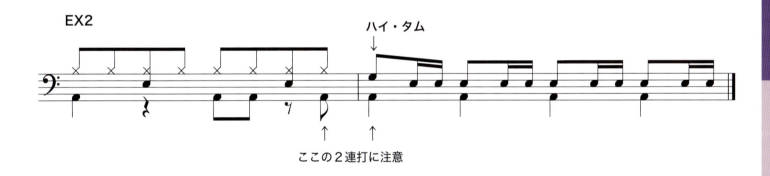

EX2

ハイ・タム

↑ ↑
ここの2連打に注意

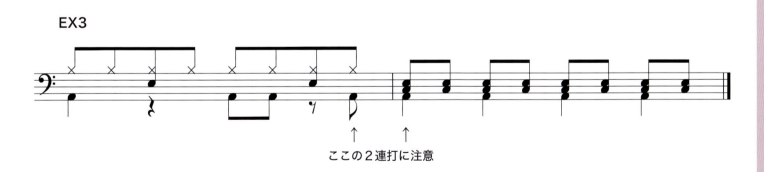

EX3

↑ ↑
ここの2連打に注意

フィルインを変えていくつか練習しましょう。移動先はフィルインによってさまざまです。

第4章

ブレイクを入れよう

ブレイクの練習

「ブレイク」とは、演奏中に一瞬音を止める技法をさします。ブレイクは「壊す」の他に「休む」という意味もあることからこういわれており、止まった後は他のパートがソロで演奏する場合、完全に全パートが止まる場合とさまざまな形があります。

まずは8ビートとブレイクを合わせて演奏してみましょう（ＥＸ１）。3小節8ビートを演奏し、4小節目の1拍目でスネア・ドラムとバス・ドラムで止まります。このときスネア・ドラムは強く叩きましょう。ブレイク後は2拍目，3拍目，4拍目と休んで最初に戻ります。

ブレイクのバリエーション

ブレイクには止まるタイミングもさまざまですが、使う楽器もさまざまです。ここではいくつかのバリエーションを紹介します。

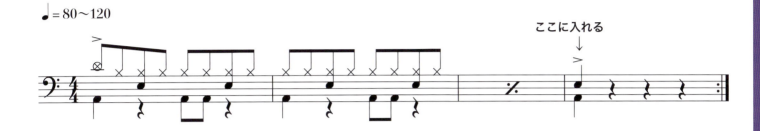

シンバルチョークとは？

④のシンバルチョークとはクラッシュ・シンバルを右手で叩いてすぐに左手でシンバルをつかみ、音を止める方法です（シンバルを叩いたその手ですぐつかむこともあります）。ジャッ！！という音で、かなり強烈なブレイクとして使えます。

フラムとは？

フラムとは装飾音符を用いた奏法の事です。左右の手をほんの少しずらしてほぼ同時に叩きます。右利きの人は左手を先に当てます。ダダっと2打になってしまわないように注意しましょう。

第4章

ブレイクにフィルインを入れてみよう

ブレイクにフィルインを入れる練習1

ブレイクの後に1拍もしくは2拍の休みを入れ、その後にフィルインを入れてみましょう。ポイントは、休む拍をしっかりカウントしてフィルインのタイミングが早くなったり遅くなったりしないようにすることです。止まり方も前のページを参考にいろいろ試してみてください。

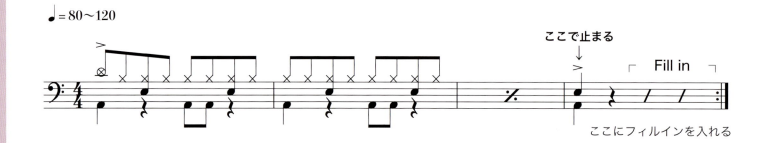

フィルイン

下記は動画にはありませんが、チャレンジしてみましょう。

ブレイクにフィルインを入れる練習 2

ブレイクのタイミングを1拍目のウラにしてみましょう。先ほどよりもフィルインまでのタイミングが短くなるため、焦らず落ち着いて休符を感じましょう。

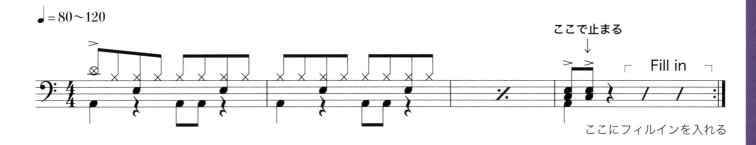

フィルイン

下記は動画にはありませんが、チャレンジしてみましょう。

ブレイクは曲にメリハリをつける重要な要素です。先読みしながら演奏することでタイミングのミスを防止できます。特にバンド演奏では、メンバーの息を合わせることがバンド演奏力の向上にもつながりますので、楽しみながらくり返し練習しましょう。

第4章

課題曲3

8ビートのバリエーション、ブレイク等まとめ

第4章はかなり内容の濃いものでしたね！きっとたくさん練習してくださったことと思います。第4章までをしっかりと練習していればドラマーとしてはかなりステップアップしているはずです。第4章の最後に少し長めの曲を演奏してみましょう。何度も言うようにドラマーは曲の構成の把握が大事です。曲を聴きこむなり、とりあえずやってみるなりして曲を覚えましょう。細かいところは後々で大丈夫です。楽しみましょう！

第4章

毎日の基礎練習2

スネア&タムタム&フロア・タムへの移動練習

毎日の基礎練習1では連打（シングルストローク）が大事ですよとお伝えしましたが、今度は他の楽器も絡めて連打しましょう！（また連打かよって言わないで・・・）ドラムセットや電子ドラムが使える方は使っていただき、練習パッドの方は練習パッドを十字に4等分をイメージするなり、もしくは空中でやってもらっても良いです。とにかくちょっとでも移動していれば良いです。

♩ = 80～200

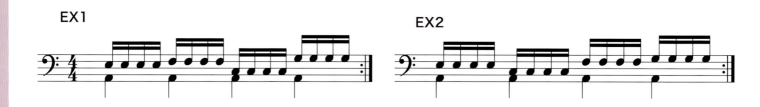

ＥＸ１ではスネア・ドラム→ロー・タム→フロア・タム→ハイ・タムの順番でクロスするような軌道を描きましょう。ＥＸ２ではスネア・ドラム→フロア・タム→ロー・タム→ハイ・タムの順番で反時計回りのような軌道を描きます。ＥＸ３はＥＸ１,２を順番にやっているだけです。この練習を１分間キープしてみてください。そうするとあら不思議。連打が速くなる上にタム移動もとてもスムーズになります。最初はゆっくりから始めましょう。自分の出した音をしっかり聴いて、滑らかな動きと音を目指しましょう。演奏したテンポもしっかり記録してください。

♩ = 80～180

さらにＥＸ１～３が慣れてきた方はＥＸ４にチャレンジしてみてください。ＥＸ３までは１拍（４打）ずつ違う楽器に移動していましたが今度は半拍（２打）ずつ移動しましょう。こちらの方がより移動が激しく、綺麗に叩くのがとても難しいです。こちらも１分キープしてみましょう。身体も温まりますし、ウォーミングアップにもおすすめです。
※動画の ♩ = 200 は、ＥＸ１～３のみで、間を空けずに続けて叩いています。

第5章
テクニックを覚えよう

シェイクとバリエーションを
マスターしましょう。
シェイクを覚えるとレベルアップを
図ることができますので、
一緒に頑張りましょう！

第5章

8ビートのバリエーション〜シェイク〜

シェイク（シェイクビート）とは？

シェイク（シェイクビート）は、8ビートから派生したリズムで、16分音符のスネアを裏拍に足したリズミカルなパターンです。ポップスやロックはもちろんファンクやヒップホップ、R＆Bなどでも使われます。筆者もシェイクが叩けるようになってからドラムがとても楽しく感じるようになった思い出があります。フィルインなしでもなんだかかっこいい！そんなパターンです。まずはスネア・ドラムや練習台で以下の譜面を叩いてみましょう。

次に譜面の2拍目のドーナツの「ド」と、4拍目のくりの「く」を両手にします。

くりが最初（1拍目）と最後（4拍目）に1回ずつありますが、それぞれ手順が違うのでくり返すとき同じ動きにならないよう気をつけましょう。最初は混乱するかもしれませんが手順をしっかりマスターしましょう！

シェイクをドラムセットで叩いてみよう

スネア・ドラムや練習台で先ほどのＥＸ２のパターンが叩けるようになったら、右手のみライド・シンバルへ移動しましょう（ハイハット・シンバルだと手がクロスしてしまい混乱するので最初はライド・シンバルがおすすめです）。左手はスネア・ドラムのままです。右手の叩く場所が変わり、出てくる音も変わりますし、譜面も見た目がわかりにくくなりますが頭の中では「くり、ドーナツ、キャンディ、くり」をしっかりイメージしましょう。（ＥＸ３）

慣れてきたらバス・ドラムを入れます（ＥＸ４）。食べ物のどこにバス・ドラムが入るのか意識しながら、止まりながらでもいいので確実に動きをマスターしていきましょう。

特に難しいのは３拍目の「キャンディ」。ポイントは右手（ライド・シンバル）と右足（バス・ドラム）を同じタイミングで演奏することです。その間に左手（スネア・ドラム）が入ります。この部分だけを練習しましょう！

第5章

シェイクをいろいろなパターンで叩いてみよう

シェイクのバリエーション 1

ライド・シンバルでのシェイクの動きに慣れたら、右手をハイハット・シンバルに移します（EX1）。手がクロスしますので混乱しないようにしましょう。このとき、左手の動きが大きすぎると右手とぶつかってしまいますので、譜面の両手（W）以外の左手（L）は少し動きを小さくするようにしましょう。また右手をフロア・タムへも移します（EX2）。黒丸が多く感じるかも知れませんが、パターン自体は同じですので、ハイハット・シンバルができればフロア・タムもマスターできると思います。

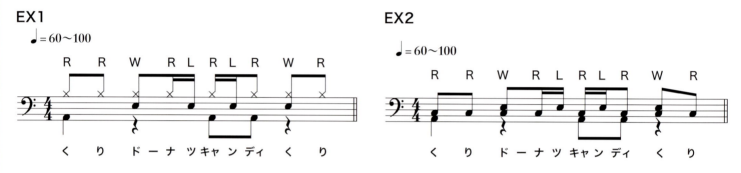

※動画ではEX1、EX2共に4回くり返しています。

シェイクのバリエーション 2

シェイクの叩き方（スネア・ドラムの入る位置やバス・ドラムの入る位置）にはさまざまなバリエーションがあります。いくつかのパターンに慣れておくと良いでしょう。2拍目4拍目のスネア・ドラムは大きな音で、それ以外は少し小さめな音にすると良いでしょう。

♩= 70〜120

第5章

8ビートのバリエーション

モータウンビート

アメリカのモータウン・レコード（レコード会社）が発表した数多くのヒット曲に使われたリズムが定着して、モータウンビートと呼ばれるようになりました。モータウンビートには主に2種類のパターンがありますが本書ではそのうちの1つをご紹介します。左手のスネア・ドラムが4分音符で入っており、軽快な印象のパターンです。今日では多くのポップスやロックなどで当たり前のように使われているビートです。

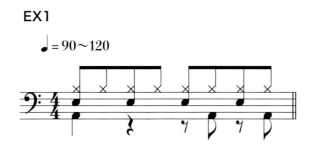

※動画では4回くり返しています。

くり返すときに1拍目のバス・ドラムが抜けないように注意しましょう。

では、このパターンにクラッシュ・シンバル、フィルインも入れて練習してみましょう。

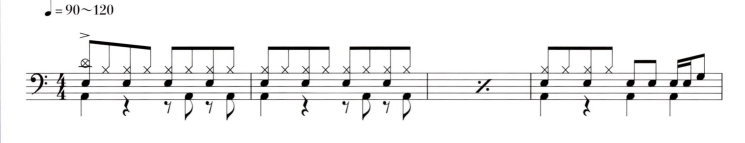

ハーフビート

ハーフビートはスネア・ドラムを3拍目もしくは4拍目のみにすることによりリズムがゆっくりに感じるパターンです。同じテンポ内でゆったりとした雰囲気を出したいときなどに使われます。

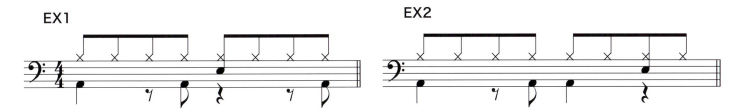

※動画ではEX1、EX2共に4回くり返しています。

では一般的な8ビートとハーフビートを交互に演奏してみましょう。後半はフィルインも追加してみましょう。

第5章

毎日の基礎練習3

譜読み〜ドラム譜の音符を叩いて覚えよう〜

ドラムは四肢を使って演奏する楽器で、形を覚えれば譜面などなくても演奏がしやすい楽器ですので「譜面なんて気にするな！体で覚えちゃおうぜ！」といった方も多いです。ですが上達すればするほど、難しい曲になればなるほど丸覚えすることは難しく、伸び悩む方をよく見かけます。譜面というのは「先人の知恵」。それこそ１００年前の偉大なドラマー達の練習方法や考え方が書籍によって脈々と受け継がれています。これを利用できるかできないかで伸びしろは大きく変わってくると私は思います。

とはいっても譜面読むのはめんどくさいよ・・・と、そう言わず！笑

ドラムはボーカルやピアノ、ギターなどのメロディ楽器と違い、音の長さを自由自在にコントロールしづらい楽器です（シンバル類はある程度できますが）。例えば「スネア・ドラムを１打だけ叩いて２小節伸ばしてください」と言われても打撃音なので不可能なわけです。ですので我々ドラマーは譜面上のタイミングが合っていれば音の長さはそこまで気にしなくて良い（あくまで初心者のうちは）と私は思います。そういった意味でもドラムの譜面の読みは少し他のパートより楽なので、嫌がらず読む訓練をしましょうね！

では本書のフィルインの項目で取り上げた代表的な４つの食べ物、くり、キャンディ、にんじん、ドーナツ（改めて譜面で表記しておきます）。この４つを使って次のページの譜読みにチャレンジしましょう。１日１回、メトロノームで練習します。テンポも毎回変えて記録しましょう。バス・ドラムを４分音符で入れたり、同時に左足でハイハットも入れたり、１拍ずつタム移動してみたり、はたまた手を足に読み替えて全部足で演奏したり、可能性は無限大です（くりの手順は【ＲＬ，ＲＲ】どちらでも良いです）。

くり

キャンディ

にんじん

ドーナツ

※動画はありません。

くり、キャンディ、にんじん、ドーナツの譜読み

※動画はありません。

第5章

コラム：ドラマーが揃えておきたい機材とは？ 2

さて前回のコラムでドラマーが最初に買う機材はフットペダルがおすすめですよとお伝えしました。

では次に個人的におすすめする機材をご紹介します。ズバリ「スネア・ドラム」でしょう！やはりこれもフットペダルの時と同じ理由ですが、レンタルスタジオやライブハウスの機材は不特定多数のドラマーが使っており、またメンテナンス、チューニングなども場所によってさまざま。

対バンイベントだと前のバンドのドラマーさんにチューニングをいじられることもあります。そんな微妙な状態ではせっかくの良いドラミングが台無しです。特にスネア・ドラムはパターンの要。自分のバンドのサウンドに合ったものを持っておきたいですね！

スネア・ドラムには大きく分けて胴の材質が木材と金属の2種類あります。

木材・・・ メイプル（カエデ科）、オーク（ブナ科）、ビーチ（ブナ科）、バーチ（カバノキ科）、マホガニー（センダン科）、ブビンガ（マメ科ジャケツイバラ亜科）など

金属・・・ スチール、ブラス（真鍮）、アルミニウム、コパー（銅）、ブロンズ（青銅）など

素材の種類や厚み、加工の仕方によってさまざまな音があり例外ももちろんありますが、ざっくりおおざっぱに言うと木材の方が丸く温かみのある音。金属は鋭く明るい音が出やすいです。金属の方が少しだけロック向きかもしれませんね。

まずは自分の好きなバンドのドラマーの使用メーカーなどを調べてみたり、お店で気に入ったデザインで買うのも良いでしょう。持っているだけでドラマーとしてのモチベーションも上がること間違いなし！

木材

金属

コラム：ハイハットオープン・クローズ

本書は初めてドラムに触れる方を対象にしているので項目として盛り込んでいませんが、本来ハイハット・シンバルは左足を使って開けた状態で叩くこともあります。「えー！楽器としてハイハットオープン入れないとまずいよ！」と多くの先生からお叱りを受けそうですが・・・笑。ドラムは四肢全体を使って演奏しますが、なるべくシンプルに、「両手と右足の３つだけでもかまへんかまへん！それだけでも十分ドラム楽しめるで！」と思いあえて入れていません。が、せっかくなのでちょこっとだけ紹介。

ハイハット・シンバルはドラムの中でも唯一音の長さをある程度自由にコントロールできる楽器です。左足の操作一つで短い音、長い音、中くらいの音、とさまざまな長さの音を表現できます。音符で表記する場合（○）マークをハイハット・シンバルの譜面の上に書くことが多いです。（＋）マークはハイハット・シンバルを閉じるというマークですが、何も書いてない場合も同じ意味になります。また、閉じるタイミングをフットハイハットの譜面で表すこともありますが、ない場合も多いです（その譜面の出版社などによって違います）。ＥＸ１で開け閉めに慣れましょう。ＥＸ２は実際によく使うオープンクローズのパターンです。この他にも沢山のパターンがありますが、それはまたの機会に・・・。

(＋)ハイハット・シンバルを閉じる
(○)ハイハット・シンバルを開ける

EX1

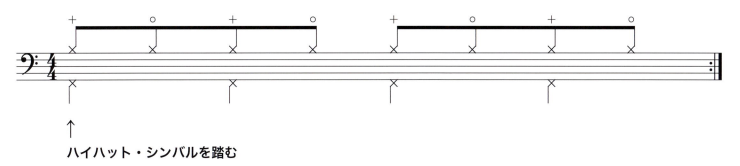

↑
ハイハット・シンバルを踏む

EX2

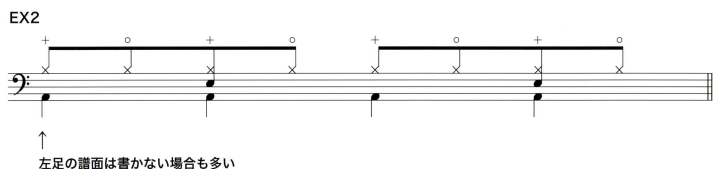

↑
左足の譜面は書かない場合も多い

※動画では４回くり返しています。

第5章

課題曲 4

本書まとめ

ついにここまで進んできた皆さま、本当によく頑張りました。この本の最後にまとめの曲を2曲チャレンジしましょう。今までマスターした技術を駆使して楽しんでください！

第5章

課題曲 5

おわりに

ドラム入門、いかがだったでしょうか？

初めてドラムを触ったときってどんな気持ちだっけ？

どうやって練習したっけ？

…と昔を思いだしたり。

実際に普段のレッスンで教えてることなど、**なるべくかみ砕いて執筆したつもりです**（左足もほぼ使ってないですしね！笑）。

本書をきっかけにたくさんの方がドラムを始めてくださり、ほんの少しだけ**皆さまの人生が楽しくなるお手伝いができれば幸いです。**

最後になりますが教則本を出したい！という昔からの夢を叶えてくださった島村楽器の皆さま、撮影、教則本の作成に携わってくださった皆さま、大学辞めて音楽やることを許してくれたお父さんお母さん、高校入ったらバンドやろうぜ！と僕を音楽の道に誘いベースも買ったのにテニス部に入った幼馴染のＩくん、その他たくさんの方に支えられてなんとかやってこれました。

本当に感謝しています。ありがとうございました！

馬場　誠人

楽典の基礎
ドラマーのための楽典

楽譜の読み書きをするための知識を学びましょう。
特に"楽譜の読み進め方"を覚えておくと
譜面の先読みができるようになり、
余裕を持って叩くことができます。

楽典の基礎

ドラマーのための楽典

楽譜が読めなくてもドラムは叩けます。しかし、読むことができると、知らない曲もすぐに演奏でき、ドラムがもっと楽しくなります。まずは、基礎的な読み方から覚えましょう。

基本の音符と休符の長さ

音の長さを表すために音符を使い分けます。ここでは4分音符を1拍として4拍子で考えてみましょう。

音符の形	音符の名前	長さ	長さの関係							
			1	と	2	と	3	と	4	と
𝅝	全音符	4拍								
𝅗𝅥	2分音符	2拍								
♩	4分音符	1拍								
♪	8分音符	$\frac{1}{2}$拍								
𝅘𝅥𝅯	16分音符	$\frac{1}{4}$拍								

休符の長さは音符に対して以下のようになっています。

休符の形	休符の名前	休む長さ	同じ長さの音符
▬	全休符	4拍	𝅝
▬	2分休符	2拍	𝅗𝅥
𝄽	4分休符	1拍	♩
𝄾	8分休符	$\frac{1}{2}$拍	♪
𝄿	16分休符	$\frac{1}{4}$拍	𝅘𝅥𝅯

付点音符の長さ

音符の横に点がついたものを付点音符といいます。付点がつくと、元の音符の長さの半分だけ長くなります。付点がつく元の音符によって、付点の長さは変わってきます。

付点音符の形	名前	音の長さ
♩.	付点2分音符	3拍 $=$ ♩ $+$ ♩
♩.	付点4分音符	$1\frac{1}{2}$拍 $=$ ♩ $+$ ♪
♪.	付点8分音符	$\frac{3}{4}$拍 $=$ ♪ $+$ ♪

休符の横に点がついたものを付点休符といい、付点音符と同様に元の休符の長さの半分だけ長くなります。

付点休符の形	名前	休む長さ	同じ長さの音符
▬.	付点2分休符	3拍	♩.
⅟.	付点4分休符	$1\frac{1}{2}$拍	♩.
⅞.	付点8分休符	$\frac{3}{4}$拍	♪.

連符の長さ

音符の上に3などと書かれている場合は連符です。連符は通常の音符や付点音符では表せない長さです。例えば8分音符3つの上に3と記されていたら（♫）、4分音符を3つに割って演奏するということを意味します。他に2分音符の長さを3つに割った、2拍3連符と呼ばれるものなどがよく使われます。

音符の表記方法	名前	同じ長さの音符	長さ
♫（3）	3連符	♩	4分音符1つを3つに割って演奏する
♩（3）	2拍3連符	♩	2分音符1つを3つに割って演奏する

楽典の基礎

楽譜の読み進め方

スコアを読んでいると、記号（𝄆、𝄋、𝄌など）と出会うことがよくあると思います。
これらの記号は、楽譜を読み進める順番を指示しています。

リピート記号（𝄆　𝄇）𝄆に戻ってくり返す

楽譜を読む順番　　A→B→C→B→C→D

リピート記号（𝄇）……𝄆の記号が無い時は曲の初めに戻ってくり返す

楽譜を読む順番　　A→B→C→A→B→C→D

1カッコ、2カッコ（⌐1.　⌐2.　）……1回目は1カッコ、2回目は2カッコに進む

楽譜を読む順番　　A→B→A→C→D

ダ・カーポ（D.C.）……曲の初めに戻る

楽譜を読む順番　　A→B→C→D→A→B→C→D

ダル・セーニョ（D.S.）……D.S.でセーニョ・マーク（𝄋）まで戻って演奏する

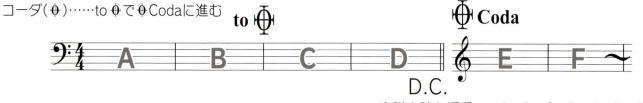

楽譜を読む順番　　A→B→C→D→C→D

コーダ（𝄌）……to 𝄌で𝄌Codaに進む

楽譜を読む順番　　A→B→C→D→A→B→E→F

フィーネ（Fine）……曲の最後

楽譜を読む順番　　A→B→C→D→A→B

覚えておきたい記号類

叩きたい曲のスコアを買ってきて「がんばろう！」と意気込んで練習を開始。でも「この記号の意味がわからない！」なんてことありませんか？ドラム譜によく出てくる記号をまとめました。

記号	説明
𝄢	音部記号（ヘ音記号） ギターなどの楽譜は 𝄞（ト音記号）で書きますがドラム譜は 𝄢（ヘ音記号）を用います。
simile (sim.)	シミーレ 前のリズムパターンと同じ
⁄.	シミーレ 前の1小節と同じ
⁄⁄.	シミーレ 前の2小節と同じ
ff	強弱記号 フォルティッシモ　とても強く
f	強弱記号 フォルテ　強く
mf	強弱記号 メゾフォルテ　やや強く
mp	強弱記号 メゾピアノ　やや弱く
p	強弱記号 ピアノ　弱く
pp	強弱記号 ピアニッシモ　とても弱く

記号	説明
	速度記号 4分音符がメトロノームで120のテンポ　1分間に120拍の速さの意味です。
	クレッシェンド だんだん大きく
	デクレッシェンド だんだん小さく
>	アクセント 音符の上につく記号　この記号がついている音を強く叩きます。
∧	アクセント（鋭いアクセントに使う記号） クラッシュ・シンバルを叩いた後に手で止めるミュートの記譜で使います。
.	スタッカート 音符の上につく記号　この記号がついている音は短く切ります。
rit.	リット（リタルダンド） だんだん遅く　曲のエンディングなどでテンポをゆっくりにするときに使います。
poco rit.	ポコ リット ややだんだん遅く　少しだけritするという意味です。
	フェルマータ 程よく伸ばす。曲のエンディングなどで打ち伸ばす場合に使います。
⌢	タイ 同じ音程の音がこの記号でつながれていたら、2つの音をつなげて演奏します。

馬場誠人　Masato Baba

京都府生まれ。高校1年よりドラムを始め、音楽教室にて上田浩一氏に師事。大学中退後、ヤマハ音楽院大阪にて金子敏男氏、"手数王"菅沼孝三氏、テルシファー高坂氏に師事し様々なジャンルにおいて多大な影響を受ける。音楽院卒業後はLally Marshall氏、渕雅隆氏に師事。現在は島村楽器ドラム講師として後進の指導にあたりつつ、自身のバンド"キバオブアキバ"やサポートなどで国内、国外でのライブや、アニメオープニング、ゲーム主題歌、レコーディングサポートなど多岐にわたり活動中。

ドラム入門

〈著作・制作〉
企画・編集　　島村楽器株式会社
著　　者　　　馬場誠人
監修・校正　　藤本勝久・佐藤将文

〈制作・協力〉
制作・校正　　曽根陽子（株式会社エス・ツウ）
本文制作・編集　武鑓幹人（有限会社インサイドアウト）
音　　響　　　武鑓幹人（有限会社インサイドアウト）
編集制作他　　本間圭吾（Two-Mix）
映像制作　　　垣内宏太（株式会社重本音楽事務所）
印刷・製本　　東京リスマチック株式会社

ISBNコード　978-4-907241-28-5
定価　￥2,200<税込>

島村楽器 official website
http://www.shimamura.co.jp

YouTubeチャンネル「島村楽器の教則本」
https://www.youtube.com/channel/UCDWJbmoUNMD-t_sTlGmtYQg

発行日　2024年　4月29日　初版発行

発行人　廣瀬利明
編集長　藤本勝久
発行所　島村楽器株式会社
〒132-0035　東京都江戸川区平井6-37-3

QRコードは株式会社デンソーウェーブの登録商標です。

造本には十分注意しておりますが、万一落丁、乱丁等の不良品がございましたらお取替えいたします。
本書の無断複写（コピー）は著作権法上の例外を除き、禁じられています。

島村楽器
楽譜便

島村楽器
YouTube